図解

人をその気にさせる悪魔の心理会話

Naito Yoshihito
心理学者 内藤誼人

PHP

もくじ

〜〜→【図解】人をその気にさせる悪魔の心理会話

第3章

相手を揺さぶる悪魔の会話術

第4章

人の心を動かす心理会話 …… 71

第5章

不思議なほど効果がある話し方の上級テク …… 91

第8章

口ベタでも会話力を上げる秘訣……137

はじめに

あなたの魅力は〝会話力〟で決まる！

人の魅力を決める最大の要素、それは〝会話力〟である。

どんなに魅力的な容姿をした人物であっても、その話し方が不快なものであったら、とたんにその人の魅力は半減してしまうだろう。

反対に、パッとしない外見の持ち主であっても、みんなを笑わせ、楽しませ、和ませるような話をする人には、誰でも心を開いてしまうというもの。

決してイケメンとはいえないお笑い芸人が美人女優と結婚できるのも、その巧みな〝会話力〟によって心を射止めたからに違いない。

予約でいっぱいのカリスマ美容師が人気なのは、彼のテクニック以上に、お客との軽快な〝会話力〟が支持されてのことだ。

同様に、〝仕事のできる人〟と思われている人だって、仕事をこなす能力以上に、〝会話力〟が備わっているからこそ、高い評価を得ているのだ。

ただ仕事ができるだけでは、周囲からの信頼や好感は得られない。逆に妬《ねた》みや反感を買ってしまうハメにもなるだろう。

しかし〝仕事のできる人〟といわれる人は、周りを気遣い、みんなを盛り上げるような話し方をしているはずだ。だから彼らは、飲み会など何かあるたびに必ず誘われるし、用がなくてもなんとなく話しかけられてしまう雰囲気をもっている。

そう。会話は、それほどの威力をもっているのである。

会話は、私たちが毎日しているもので、あまりにも日常的な行為であるためつい忘れてしまいがちだが、あなたそのものの存在・価値を相手に伝え、そして判断させているものなのだ。

あなたが何げなく交わした挨拶ひとつ。

普段どおりに応えただけの相づちひとつ。

つい口にしてしまった失言ひとつ。

それだけで、相手にはしっかりとしたメッセージとなって伝わり、あなたへの評価が下されてしまうのだ。

心は会話で動かされる

行きつけの定食屋で、いつもはあるはずの「ありがとうございました」の一言がなかっただけで、なんとなく不機嫌にならないだろうか。

八百屋のオヤジに「まいど！」と声をかけてもらえるだけで、「また来よう」と思ってしまわないだろうか。

私たちの心は、ちょっとした一言だけでも大きく揺れ動いてしまうほど、繊細なものなのだ。

だから、会話というものは、ことごとく「心理会話」といっていい。すべての会話は何らかのメッセージを相手の心に伝え、はたらきかけているのである。

ところで、「心理会話」という言葉は、筆者の造語である。

人は会話によって意思を伝え合うが、それによって心理作用がはたらき、本人が気づきもしない効果を生んでしまう。その驚くべき効果の数々は、これから本書で順に解説していく。

これまで意識することもなく口にしてきた会話が、どれほどの効果を生んでいるのか、本書を読み進めれば進めるほど、あなたは驚きをもって知ることになるであろう。

そして、「会話」と「心理」が切っても切り離せないものであることが、わかってくるはずだ。

私たちの心理は、とてつもないほど「会話」に左右されているのである。その事実を「心理会話」という用語によって多くの人に意識してもらおうと思い、この新語を作ったのである。

会話の真の目的とは?

世間には、何が楽しいのか知らないが、やたら不幸ネタばかり話す人がいる。

体調が悪いだの、給料が減っただの、会社が潰れそうだの、暗い話題ばかりだ。

きっと当人としてはなぐさめてほしいのだろうが、聞かされるほうはたまらない。こんな話を聞いていたら、こちらまで暗い気分になってしまう。

そもそも、人が誰かと会いたいと思う理由、誰かと話したいと思う理由は、「人との会話によって元気になりたい」からなのである。

それなのに、不幸ネタや愚痴ばかりをこぼしていたのでは、誰も寄りつかなくなってしまう。

会話の真の目的は「元気になること」。人は「元気になりたい」から人と会い、会話するのである。

したがって、〝会話力〟に必要なのは、心の琴線《きんせん》に触れるような美辞麗句《びじれいく》がちりばめられたセリフを丸暗記することではない。

もちろん、お笑い芸人顔負けの抱腹絶倒《ほうふくぜっとう》の話術でもない。

自分が元気になるためには、相手にも元気になってもらうことが必要だ。そのためには、相手の立場に立って考えてみること。その一点に尽きるのだ。

相手の気持ちを推《お》し量《はか》り、人の心を知る。

それこそが、心理学であり、そのうえで磨く会話術が、本書の「心理会話」なのである。

本書には、あなたの人生を変えうるほどの効果がある会話術をたくさん紹介している。それらの会話術を身につけて、思いどおりの人生を築いてほしい。

そして、せっかくだから、会話の相手も元気にさせるような会話術を身につけてくれたら、著者として本望である。

内藤誼人

心理会話

第1章

これが 人に好かれる 話し方

どうしてあの人はみんなから好かれるんだろう？
あの人がモテる秘密はいったい何？
その答えは、ズバリ「話し方」である。
人に好かれる話し方と、反対に嫌われる話し方を
きちんと知っておこう。

心理会話

1 自慢するより機嫌を取れ！

自己アピールは二の次だ

アメリカ人というと、明るくて活動的、アグレッシブで自己主張が強いというイメージがあると思う。

西欧文化においては個人主義が徹底しているのか、何事にも周囲を気遣い、控えめで協調的な日本人からすると、彼らの自己アピールの強さには辟易《へきえき》してしまう。

しかし、じつはアメリカ人ほど、相手を喜ばせることに心を砕く人種もいないのである。

相手のご機嫌を取って会話の雰囲気をよくしておいて、そのうえで自分の主張をアピールするのが、外交上手なアメリカ人の特徴なのだ。

それを裏付ける調査結果がある（左図参照）。

北イリノイ大学のジョセフ・スカダー博士は、運輸セキュリティ会社の人材募集に応募してきた人たちの面接試験の様子をビデオに撮って調査した。

面接試験は自己アピールの場である。みんな、さぞかし自分の自慢ばかりをするものだろうと予想されたが、実際は大いに違っていた。応募者たちの多くは、面接官に取り入るようなご機嫌取りばかりをしていたのだ。

つまり、ほとんどの応募者は、面接官に気に入られたほうが採用に有利になるだろうと考えて、自己アピールは二の次にしていたのだ。

幼いころから他人とよく会話をし、世界一外交的ともいえるアメリカ人は、**相手を喜ばせ、楽しませ、気持ちよくさせることが会話の基本ルール**だということを、よく知っていたのである。

だから、アメリカ人は露骨《ろこつ》にご機嫌取りができる。それも、とても自然にできてしまう。

日本人の奥ゆかしさは美徳のひとつではあるが、相手のご機嫌を取るときぐらいはアメリカ人を見習って、徹底的に相手を喜ばせてあげたいものである。

相手のご機嫌を取ってから本題に入ろう

スカダー博士の調査における 124 人の応募者の様子

少数	多数
自己アピール	ご機嫌取り

「私はコミュニケーション・スキルが高い」	「あなたにはまったく賛成です」
「私にはコンピュータ・スキルがある」	「あなたはとても秩序だっています」
「私はチーム志向である」	「あなたは正しい」

面接では誰もが自己アピールするものと思われたが、実際のアメリカ人の反応は、面接官に取り入ることを優先していた

心理会話

2 答え方は大げさなほどいい

「はい」にも種類がある

会話というのは、ノリやリズム、その場の雰囲気が重要だ。同じ会話内容であっても、会話の流れ方しだいでは楽しくもつまらなくもなる。

たとえば、恋人同士がこんな会話をしていたとする。

「今度の週末はどこかに出かけようか」

「そうね」

「ディズニーランドなんてどう?」

「いいわね」

こんな盛り上がりに欠ける会話をしていてはすぐにでも破局が訪れそうだが、次のような会話ならどうだろう。

「今度の週末はどこかに出かけようか」

「すごく素敵!」

「ディズニーランドなんてどう?」

「もう待ちきれないわ!」

答え方を大げさにするだけで、心理的なインパクトが増し、生き生きとした会話になるのがわかるはずだ。

同じ「はい」でも、「まさにそのとおり」と答えたり、「賛成」でも「心より賛成します」と応答したほうが、相手の心には伝わるのだ。

米国セント・ジョンズ大学のジョン・トリンカウス博士は、テレビの人気トーク番組100時間分を分析し、司会者のさまざまな応答の仕方を調査した。

詳しくは左図を参照してほしいが、つまりはこういうことだ。この人気司会者は、肯定的な答え方をするときには、「まさに!」とか「おっしゃるとおり!」と、大げさな表現をしていたのだ。まさにそれが、この司会者の人気の秘密であることが窺《うかが》える調査結果であった。

肯定的な答え方をする場合は、大げさな表現ほど心理的なインパクトが大きい。大げさな比喩は決して無駄にはならないのだから、今後は大げさな応答を心がけよう。

同じ「はい」なら大げさに表現しよう

人気司会者のテクニック

肯定的な答え方
「はい」の内訳

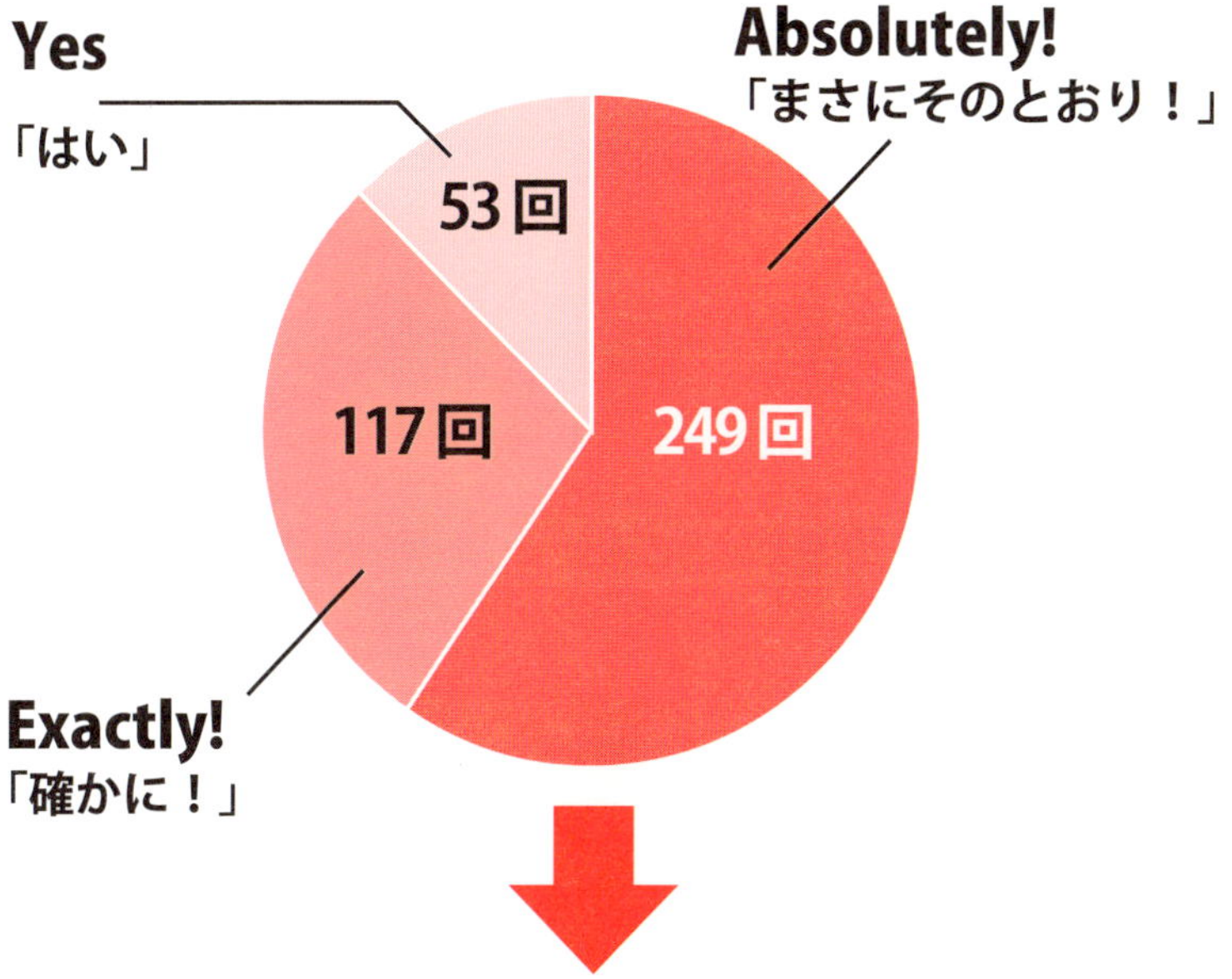
Yes
「はい」
53回
Absolutely!
「まさにそのとおり！」
249回
117回
Exactly!
「確かに！」

圧倒的に大げさな表現で肯定していた

ちなみに、否定的な答え方をするときには、97回のうち84回が「NO」であった。つまり、否定的な応答をする場合には大げさな表現はNGなのだ

心理会話

3 偏見があると嫌われる

偏見はモンスターに成長する

「うわっ、マナー悪いなあ。どうせ外国人だろ」

「ふん！　東大出ほど使えないヤツはいないな！」

誰にでも偏見はあるものだが、偏見ほどやっかいなものはない。なぜなら、一度、偏見をもってしまうと、それは知らずに成長し、モンスターになってしまうからだ。「なんだ、派遣社員か」などと思った瞬間、知らずに態度に出て、その感情は必ず相手に伝わってしまう。

これを心理学では「ゴーレム効果」と呼ぶが、偏見がいかに理不尽なものであるかを示す実験がある。

イスラエルにあるヘブライ大学のエリシャ・ババッド博士が、物理学の教師26人を対象におこなった実験である。博士は教師たちに、前年の担当教師による生徒たちの評価を見せたのだ。すると、その教師たちは生徒のことをよく知りもしないのに、前任者の評価どおりに生徒たちを見てしまうことが判明した。

つまり、前任者の評価を知ることで偏見をもってしまい、評価のよかった生徒には好ましく当たり、悪かった評価の生徒には厳しく接してしまったのだ。

こうして偏見の目で見られた生徒たちはどうなるか。評価のよかった生徒たちはさらに成績がよくなると予想されるが（これを「ガラテア効果」という）、勝手によくない偏見をもたれてしまった生徒たちは、さらにマイナスの方向に行き、「ゴーレム効果」どおりに、ますます低評価の生徒になってしまう恐れが出てくる。

だからこそ、**人は偏見を忌み嫌い、偏見をもつ人から遠ざかろうとする**。

仮に偏見をもってしまうなら、いっそプラスの偏見をもって「ガラテア効果」を発揮したほうが、人に対して好ましい態度で接することができる。くれぐれも、自分の中のゴーレムをモンスターにさせないことだ。

「ガラテア効果」と「ゴーレム効果」

ガラテア効果

ギリシア神話に由来。
ピグマリオンという王様が、現実の女性に幻滅して、理想の女性の像を彫り、ガラテアと名付けた。王様はガラテアに恋をして、どんどん衰弱していく。不憫に思った女神アフロディーテがその像に命を吹き込んで、ついに王様はガラテアと結婚する。

「理想像＝期待」が現実のものとなる

ポジティブな偏見 ➡ プラスに歪む

ゴーレム効果

ユダヤの伝説に由来。
人間のために作られた意思のない泥人形ゴーレム。額に貼られた護符《ごふ》(レッテル貼り)で意のままに操れるが、護符を取り忘れると、ゴーレムはモンスターとなって暴れる。

「レッテル＝幻滅」が現実のものとなる

ネガティブな偏見 ➡ マイナスに歪む

ネガティブな印象を抱いてしまうと、相手はその印象（幻滅）の方向へ実際に変わってしまう。したがって、どうせ偏見を抱くのならポジティブなものにしよう

心理会話

4 直に顔を合わせる努力をする

メールよりも電話、電話よりも対面

会社で新規事業を立ち上げることになった。そのための市場リサーチを任されたあなたは、畑違いの分野におけるエキスパートたちの話を聞いて、協力をあおがなければならなくなった。

その場合、あなたはメールで協力依頼をするだろうか。それとも、電話だろうか。

ネット社会の現在では、とかくメールですませてしまうことが多い。しかし、面識のない相手に対してメールを送ることに躊躇《ちゅうちょ》することもあるだろう。だって、相手の顔も知らなければ性格も知らないのだ。一方的な文面に怒りを買ってしまうことだって考えられる。

だったら、電話だろうか。少なくとも話すことはできるので、無用な誤解を受けることはないはずだ。

いやいや、それよりもずっと安全で、あなたの考えを確実に相手に伝えられる手段となれば、やはり直接会うこと以外になかろう。対面の交渉であれば、身振り手振りに加え、あなたの存在感で勝負することができる。

クレアモント大学のハーベイ・ウィッチマン博士は、女子大生88人を対象に「囚人のジレンマ」ゲーム（左図参照）をおこなった。

その結果、相手を見ることも話すこともできないグループでの協力反応（黙秘し合う）が40・7％であったのに対し、相手と話すことはできるが顔が見えないグループでは72・1％に協力反応が上がり、さらに、話すことも顔を見ることもできたグループでは、87・0％まで協力反応が上がったのだ。

つまり、**話せば話すほど、お互いに尊重し合えるようになる**ということだ。さらに、互いの顔を突き合わせることができれば、なおさらいい。「まずは一度お目にかかりたい」という一言が、とても大切なのである。

「囚人のジレンマ」ゲームとは？

■お互い相手の状況がわからないように別室で取り調べる

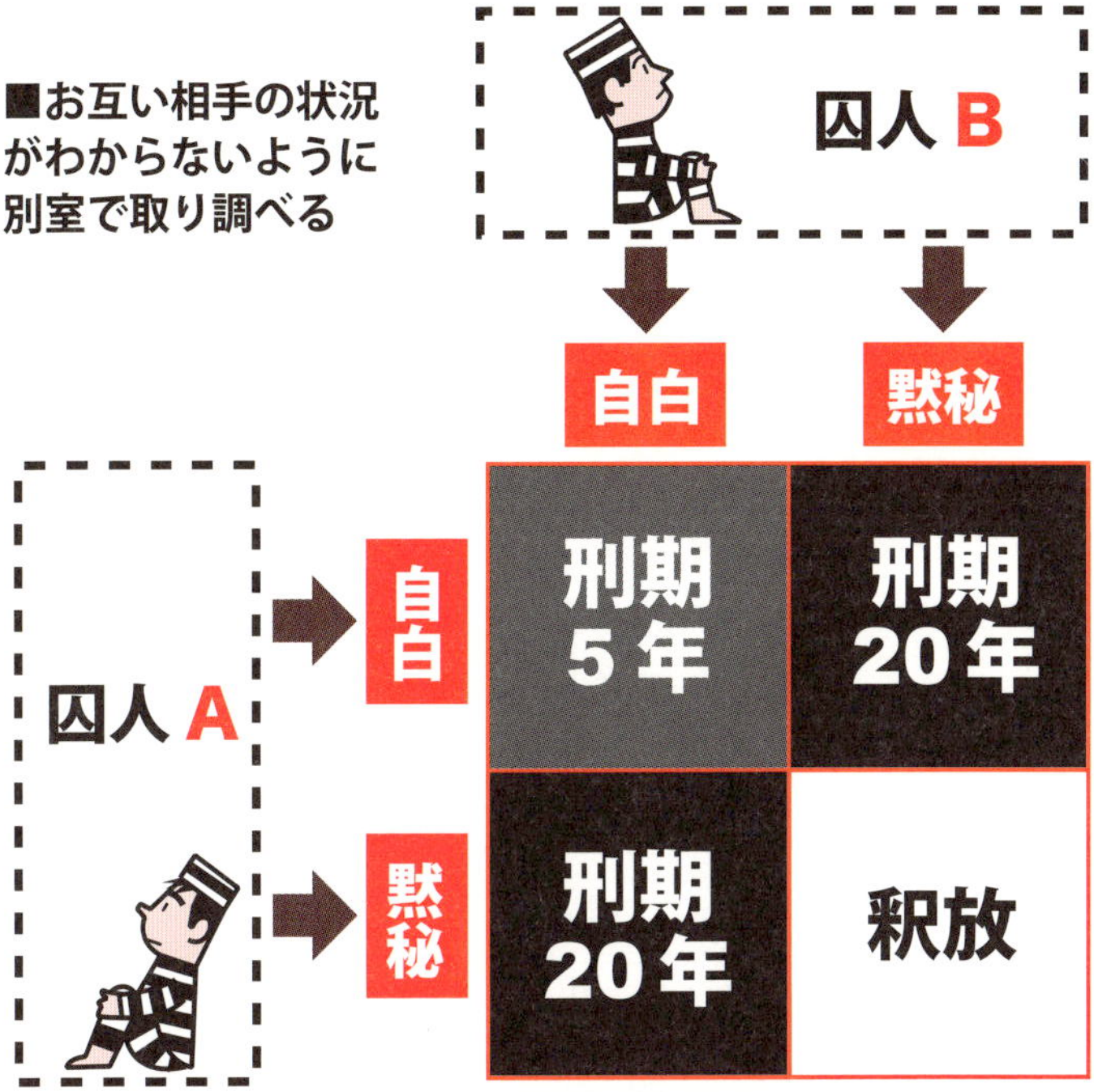

	囚人B 自白	囚人B 黙秘
囚人A 自白	刑期5年	刑期20年
囚人A 黙秘	刑期20年	釈放

ルール

○共犯の2人をそれぞれ別室で取り調べる

【条件】

●2人とも自白した場合 ⟶ 2人とも刑期5年

●1人だけ自白した場合 ⟶ 自白したほうは刑期5年
　　　　　　　　　　　 ⟶ 自白しなかったほうは刑期20年

●2人とも黙秘した場合 ⟶ 2人とも釈放

どれだけ相手を信用するか、相手を信用してどれだけ協力するかがわかる心理ゲーム

心理会話

5 あなたが幸せなら相手も幸せ

感情はたやすく感染する

打ち上げだ！　合コンだ！　忘年会だ！

そんなとき、真っ先に〝絶対にあの人を誘おう〟と頭に浮かぶ人がいないだろうか。

「彼がいるといつも場が盛り上がるんだよな」

「彼女の笑顔があるだけで和むな～」

「あいつがいないとイマイチつまらないんだ」

こんな人たちがあなたの近くにもいるはずだ。

そんな彼らは人気者に違いない。しかし彼らは、その容姿が魅力的だとか、特徴的な性格だとか、そんな理由で人気者なのではない。

彼らは、〝周りのみんなを楽しくすることができる〟からこそ、人気者なのだ。

そして何よりも、**〝自分が明るく幸せそうにしていれば、それが周囲にも伝わる〟**ことを彼らは知っている。

事実、そんな彼らだからこそ、飲み会によく誘われるのである。

アメリカにある南メソジスト大学の心理学教授ダニエル・ハワードは、女性同士のペアを対象にしたおしゃべりの実験をした。

そして、**話し手が楽しそうにしていると、聞き手も楽しい気分になってくる**ことを実験で突き止めた。

これを「感情感染効果」と呼ぶ。お互いの感情は、お互いに感染していく性質があるということだ。

しかし、この感情の感染が起きるのは「楽しい、幸せ」といった明るい感情だけではない。「悲しい、怒り、不満」といったネガティブな感情においても作用してしまう。

飲み会になると、いつも管《くだ》を巻く人、会社批判を始める人、報われない境遇を嘆《なげ》く人、将来を悲観する人――こうした人たちはどこにでもいるが、そのうち誰からも誘われなくなってしまうので、ご用心願いたい。

楽しい気分は相手にも伝わる

なんだか楽しいな
感情感染効果
僕もなんだか
楽しくなってきたよ
なんだか
つまらないな
感情感染効果
僕もなんだか
つまらなくなってきたよ

あなたが楽しくしていれば相手も楽しくなり、あなたがつまらなそうにしていれば、相手もつまらなくなる

心理会話

6

相手の「聞きたいこと」を言ってあげる

聞きたくない真実など山ほどある

筆者は年間に20冊以上の本を著《あらわ》している。自分でも多作なほうだと思っている。

ただ、それらすべての本がヒット作となるわけではない。筆者としては、すべて20万部、30万部とヒットしてくれるほうがうれしいのはいうまでもないが、しかしそんなことは元より望んではいない。

どの本も誠心誠意を込めて執筆した本なので、売れようが売れまいが、どの本もかわいいわが子に違いない。

なので、編集者から「今回の新作、あまり売れませんでしたね」と告げられると、とてもヘコんでしまう。

それは事実であろう。しかし、真実を突きつけられても、あまりいい気はしない。たとえ売り上げが伸びずとも、「本屋さんの一番目立つ場所に高々と積み上がっていましたよ」と言ってもらったほうが、はるかに嬉しいものなのだ。

つまり、**いくら〝正しい〟こと、〝真実〟だからといって、相手が聞きたくない情報であれば、そのまま相手に伝えてしまっては、相手の気分を害するだけ**に終わってしまうということだ。

ドイツの心理学者ステファン・シュルツハート博士によると、私たちは自分の考えと一致するような、耳触りのいい情報にだけ接したいという欲求があるという。

自分にとって都合のいいことだけを聞かせてほしくて、逆に耳障りな情報は聞きたくないと思っているのだ。

したがって、もともと人間にはそういう欲求があるのだから、相手が聞きたがっていることを教えてあげれば、相手は喜び、歓心を買うことができるというわけだ。

ゴマスリだとか腰巾着だとか陰口を叩かれるかもしれないが、それでいいのだ。相手を喜ばせ、和気あいあいの雰囲気を作ることに、どうして悪いことがあろうか。

人は「聞きたい」ことを言ってほしい

事実を伝える
NG
ムッ
お前、
仕事おっそいな～
嫌われる
相手の気持ちを考える
OK
丁寧に
仕事するんだね
わかる？
好かれる

相手の立場に立って、その気持ちを推測することができれば、相手の「聞きたい」ことが言えるようになる

心理会話

7 2人で話すとホンネが出る

少人数ほど心が開く

あなたが積極的に関わりたいプロジェクトの会議があるとする。意欲的なあなたは、自分の考えを忌憚《きたん》なく伝えようと意気込んでいる。

そのとき、予想していたような少人数の会議ではなく、他の部署まで加えた大人数の会議になってしまったとしたら、あなたはどれだけ自分の意見を語ることができるだろうか。

おそらく、あなたの意気込みはどこかへ吹き飛び、「オレの意見は次の機会でいいや」などと思い始めるのがオチではなかろうか。

ここで、それを裏付けるデータを紹介しよう。

米国ウェイクフォレスト大学のセシリア・ソラノ博士は、1対1で、あるいは3人組、または4人組で会話をさせた。そして、「あなたは会話で、どれくらい自分のことを相手に開示したいと思ったか」と尋ねた。

すると、2人きりのときほど「自分を出したい」と思ったのである（左図参照）。

ソラノ博士の実験は、**その場に居合わせるメンツが増えれば増えるほど、自分のホンネを開示しようという気持ちが失われていく**ことを示している。

つまり、逆に相手の本心を聞き出そうと思ったときには、くれぐれも大勢の人がいる場は避けて、極力2人きりになって、じっくりと話を聞いてみることだ。

2人きりなら相手も安心して心を開き、ホンネを語ってくれるはずだ。

「どうやら異論があるみたいだな。ここだけの話にしておくから、言ってみなさい」

「なあ、オレにだけは話してくれよ」

などと水を向けると、効果的だろう。聞きたくもない打ち明け話まで聞かされることになるかもしれないが。

ホンネを引き出したければ２人きりになれ

４人で話す
話し
づらいな
２人で話す
話し
やすいな

ソラノ博士の実験結果

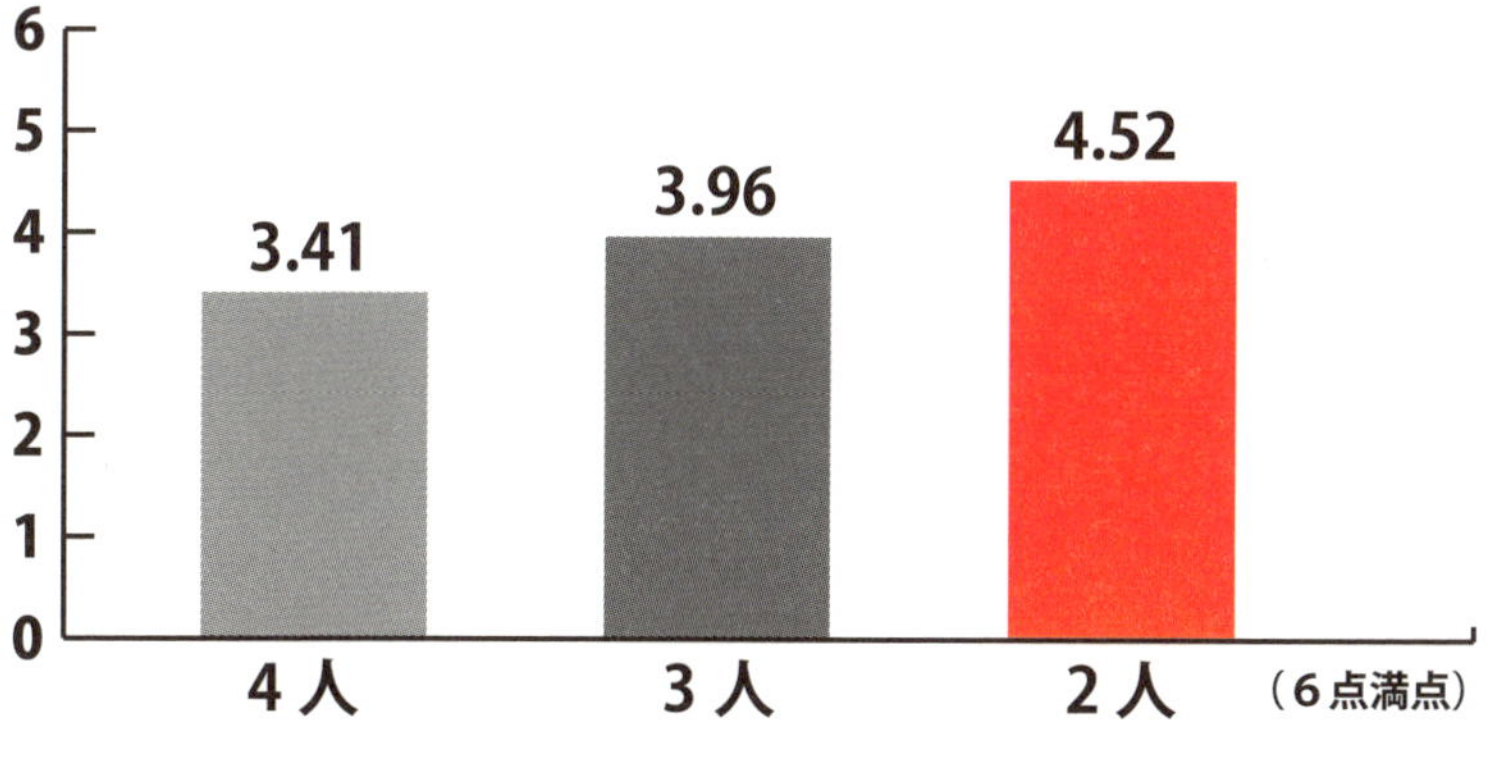

6
5
4
3
2
1
0
3.41
3.96
4.52
４人
３人
２人
（６点満点）

ソラノ博士の実験によると、４人で話すよりも少人数で話すほうが、ホンネを出しやすかった

心理会話

8

責任逃れは嫌われる

間違いを犯したときの対処法

先に実験結果から紹介しよう。

南カリフォルニア大学のピーター・キム博士は、200人の学生を対象に、ある文章を読ませてその反応をみる実験をした。

その文章とは、税理士が税金の納付書類の作成でミスを犯してクライアントに迷惑をかけたというもの。

ただし、文章の中に「二度と不備のないようにします」と謝罪の言葉が入っていたものと、「前にいた会社の習慣のせいでミスをしました」と言い逃れしたものとがあり、それによって税理士に対する評価がどのように変わるかを調べた。

その結果、きちんと謝罪をした文章では、落ちた信頼を回復できることがわかった。

しかし、言い逃れしようとした文章では、たとえその理由が正当であっても、信頼感が下がったままであることが確認された。

ここから、2つのことがわかるだろう。

謝罪すれば、失われた信頼性も回復できること。そして、**私たちは、責任逃れをするような人を好きにはなれない**こと。

人は誰でも、間違いを犯すもの。完璧な人間などいやしない。

だから、もし間違いを犯してしまったのなら、素直に謝罪すべきなのである。それがどんなひどいミスであれ、本人が悔いていれば必ずセカンドチャンスが与えられ、いつか信用も回復されるのだ。

くれぐれも、言い逃れしたり、責任逃れだけはしてはならない。そんな人に対して抱く感情は「不信感」しかない。信用できない人に対して、セカンドチャンスが与えられることは決してないのである。

どんな間違いも謝罪すれば許される

OK
謝る
許される
オレのミスだ
責任とるよ
みんな
まあ、
次回から注意してね
NG
責任逃れ
許されない
あいつのミスだ
オレは聞いてなかった
みんな
信用できないなー

きちんと謝罪できない人に対しては、不信感しか抱けない。つまり、決して好かれることはない心理会話のツボ…

人気者ほど努力家である

「夢や目標を達成するには、ひとつしか方法がない。小さなことを積み重ねること」

２００１年に大リーグ・マリナーズに移籍してから、10年以上もアメリカの地で活躍を続けているイチロー選手の言葉である。

歴史に残る驚異的な記録の数々を打ち立てた彼の偉業が、地道な努力の積み重ねによって築かれたことは有名な話だ。

心理会話の技術も、一朝一夕《いっちょういっせき》に身につけられるものではない。いくつもの実践があってこそ、人の心を操れる会話術が会得できるのである。

スコットランドにあるグラスゴー・カレドニアン大学のヴィンセント・イーガン博士は、ヘアビューティーサロンに来た18歳から43歳の女性客１０３人にアンケート調査をした。

その調査結果によると、社交的な人ほど、異性に好かれる努力をしていて、ナルシストな人ほど、人から好かれるための努力を惜しまなかったそうだ。

まずは、目標を掲げることだ。異性からモテたい、一流大学に入りたい、イケメンと結婚したい、億万長者になりたい、なんでもいいが、自分に夢をもつことだ。

そうすれば、自然と努力を積み重ねるようになるだろう。

イチローのように。

心理会話

第2章

会話が弾む心理テクニック

つまらない会話ほど時間の無駄に思えるものはない。
一方で、時間のたつのを忘れてしまうほど楽しい会話もある。
その違いはなんだろう？
何が会話を盛り上げ、何が会話を妨げているのか。
知っているのと知らないのとでは、大違いである。

心理会話

9 おうむ返しは会話の潤滑油

相手の言葉を反射せよ

口ベタの人にかぎって、相手の話の腰を折る人が多い。

「小惑星探査機はやぶさの展示会に行ってみたいんだ」

「まだサンプル持ち帰ったかわかんないんでしょ？　ホコリだけだったらどうすんの？」

「いや、なんかスゴイかなって思っただけなんで……」

聞き手としては、自分も興味があって、最新ニュースも知っている。だから相手の話を受けて、その先の話をしようとしているだけなのかもしれない。

しかし、この会話がこれ以上発展する可能性は、残念ながらゼロである。話しかけたほうは、二度とこんなヤツと話すもんか、とさえ思っているはずだ。

会話で重要なのは、会話を盛り上げ、持続させることである。決して〝議論〟や〝討論〟ではないのだ。

だからここでは自分の知見をひけらかすことはやめて、相手が話したいことをまずは聞いてあげるべきなのだ。

「小惑星探査機はやぶさの展示会に行ってみたいんだ」

「はやぶさの展示会だって？」

「うん。正確には、帰還カプセルの展示なんだけどね」

「ええ？　帰還カプセル？」

「まだ小惑星のサンプルかわからないけど、興奮するよ」

「興奮するよねー」

こうやって**相手の言葉を反射させる「おうむ返し」をするだけで、もう十分に会話上手になっている**のだ。

カナダのウエスタン・オンタリオ大学マックス・ウールマン博士が１０１人の大学生を対象に15分間のインタビュー形式でおこなった調査によると、コミュニケーションスキルの高かった学生ほど、相手の言葉を反射させることを多くしていたそうだ。

おうむ返しはそれだけで会話の潤滑油になるのだ。

キーワードを反射するだけでOK！

今度、オレの妹が
結婚するんだ
オレの妹は
まだなんだ
NG

今度、オレの妹が
結婚するんだ
結婚？
OK

たとえ興味のない内容でも、相手の言葉をおうむ返しするだけで会話は弾んでいく

心理会話

10

名前を呼べば好きになる

名前を入れるだけで親密になれる

テレビや新聞で自分と同じ名字を見つけると、思わずドキッとしてしまうものだ。普段はあまり意識していなくても、自分の名前は潜在意識に深く刻み込まれているのだ。

だから、より心理的なインパクトを与えたいのであれば、会話の中になるべく相手の名前を入れるべきだし、自分の名前も入れていくべきだろう。

ちなみに筆者は、メールの冒頭にはよくある「いつもお世話になっております」ではなく、必ず「こんにちは。○○さん。内藤誼人です」といった一文を入れている。

相手の名前を入れることで、相手の存在を認め、覚えていることをアピールし、親密度を高めているのだ。

加えて自分の名前も入れることで、相手に名前を再確認させ、〝他人ではない〟領域に踏み込んでいる。

実際、ただお互いの名前を確認するだけで、そこには何かしらの〝関係〟が生まれる。そしてその関係は、強い協力反応を引き出す。

カリフォルニア大学のレイフ・ネルソン准教授は、私たちは自分の名前が大好きであり、自分の名前に関係した事柄までも無意識的に好むことを明らかにしている。

あなたにもあるだろう。お土産物屋で売られているキーホルダーに、自分と同じ名前が彫られているだけで欲しくなってしまった経験が。それと同じことだ。

人間は、自分の名前が大好きだ！　そして、自分の名前を呼びかけてくれる人も、大好きになるのだ。

たかが名前と軽んじてはいけない。人と話すときは、「ところでキミはどう思う？」ではなく、「ところで斉藤さんはどう思う？」と名前を入れるべきなのである。

それだけで、もはや〝他人ではない〟という親密さが生まれるのだ。

相手の名前を大いに呼ぼう！

名前を呼ばない NG

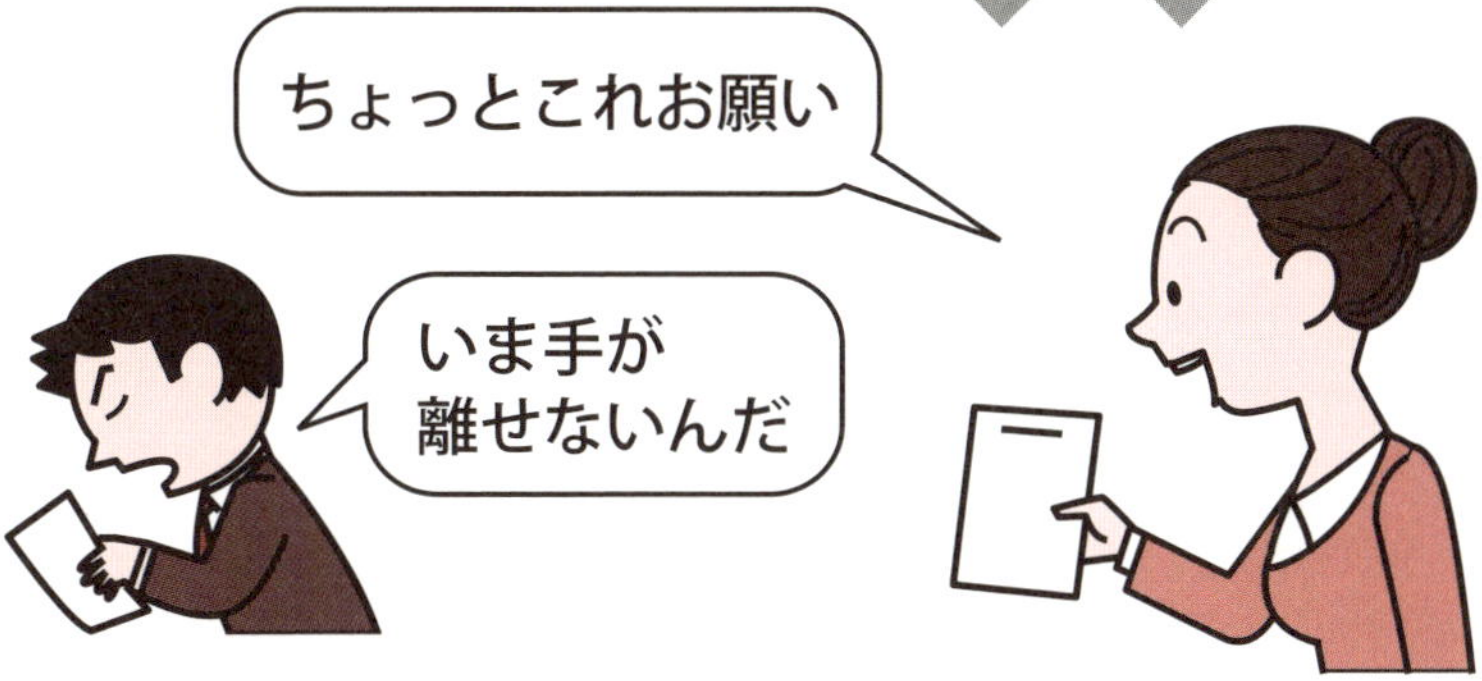
ちょっとこれお願い
いま手が離せないんだ

名前を呼ぶ OK

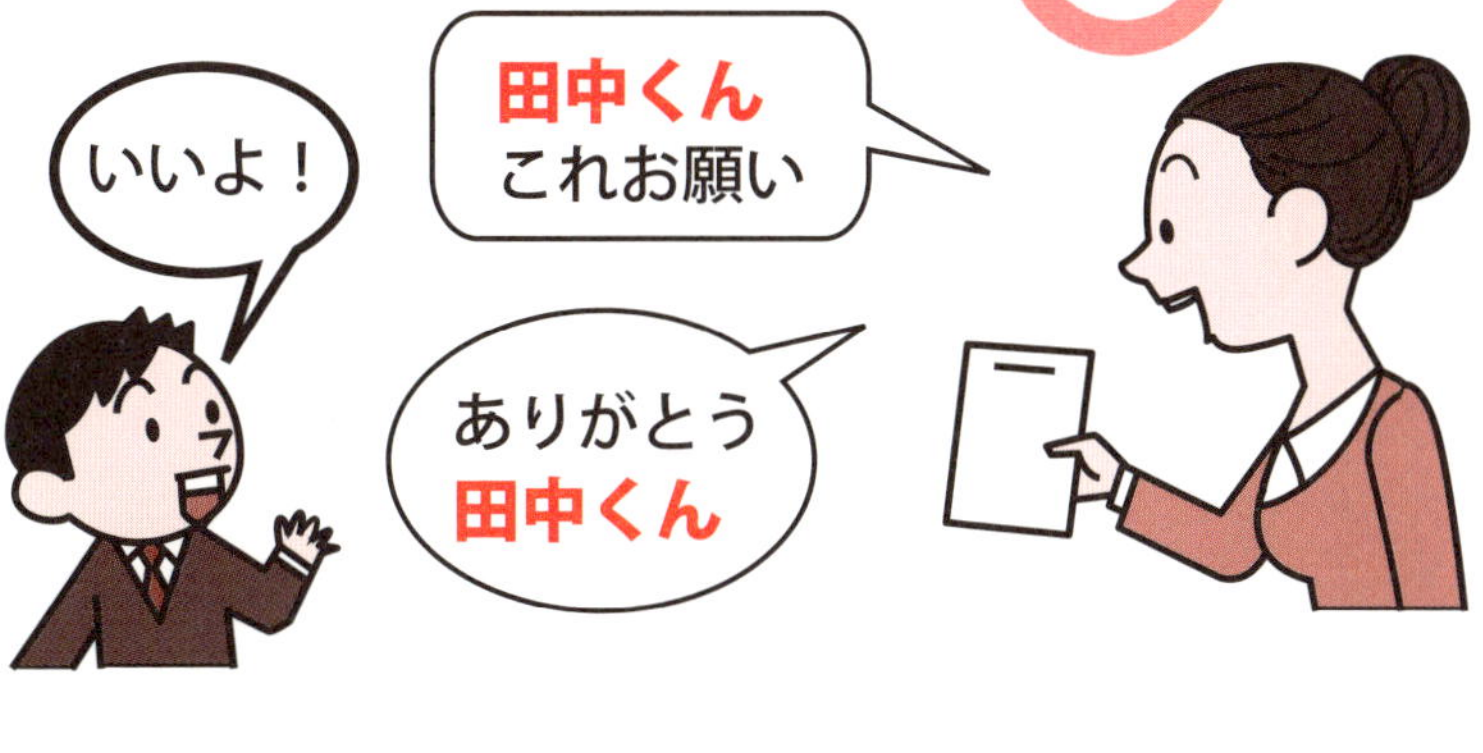
田中くん これお願い
いいよ！
ありがとう 田中くん

大事な場面ですぐに名前が出てくるように、人の名前はきちんと覚えておくといいだろう

心理会話
11
「私たち」という言葉を使おう

主語が伝えるイメージ

「私たちは、お互いに満足のいく妥協点を見つけられそうですね」

「私たちの利益は、完全に一致しております」

「私たちは、今後も長くやっていけそうですね」

このように会話の端々に、あえて「私たち」という言葉を挿入していくと、それだけ相手との親密度が高まる。

なぜなら、「私たち」という言葉には、〝一体感〟〝連帯感〟などがもともと含意《がんい》されているからだ。

ユタ州立大学のジョン・セイター博士は、こうした「私たち」を使った話法が、相手をやさしい気持ちにさせ、親切な気持ちを引き出す効果があるとみている。

これを**「WE話法」**という。

その反対に、「私は」で始まる話法は、自己主張や我の強さなどを相手に伝える。これを**「I話法」**という。

「私は、こう思います」

「私は、行きたくありません」

自己主張したいけれど、押し付けがましい印象を相手に与えたくないというときには、日本語の特性を生かして主語を省いてしまえばいい。それだけで、主張がオブラートに包まれソフトになる。

また、「あなた」を主語にする**「YOU話法」**というものもある。こちらは口喧嘩した場合などに使うと効果的で、相手を言いくるめることができる。

たとえば、「オレは、お前のそういうところが嫌いなんだ」と相手を非難するのではなく、「お前は、少しはオレのことも考えてくれているのか?」と、相手の判断をあおぐ形にもっていくのだ。

主語をどれにするかによって、同じ内容でも相手に与える心理的インパクトは大きく変わる。その場に応じた使い分けをできるようにしたいものだ。

主語を上手に使い分けろ

I 話法

私は、東京スカイツリーに行きたかったの

↓

強い自己主張

強い不満が相手に伝わる

YOU話法

あなたは、スカイツリーに
連れてってくれなかった

↓

相手の行動を指摘

相手の判断、返答を待つスタンスになる

WE話法

私たちは、
行きたくても行けませんでした

↓

一体感、連帯感

理由は棚上げにされ、共犯者であることを確認する

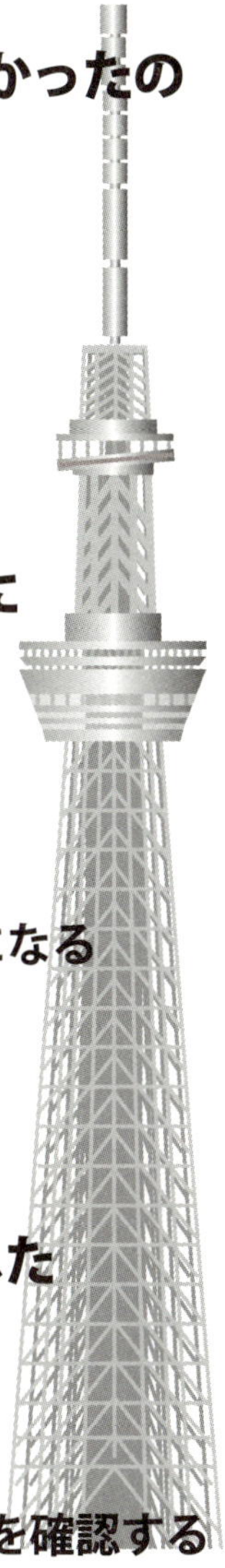

心理会話
12 お願いするなら立て続けに

2つの要求を続けざまに持ち出す

人は、一度「YES」と了承してしまうと、すぐさま出される要求に「NO」と言いづらくなり、応じてしまう傾向がある。

これを実験で証明したのが、フランスのブルターニュ大学ニコラス・ゲーガン博士だ。

博士は、ショッピングエリアを一人で歩いている18歳から22歳ぐらいと思《おぼ》しき女性378人に声をかける実験をした。

そのとき、いきなり「お茶でも飲みませんか?」と声をかけると、当たり前といえば当たり前だが、たったの3・3%の女性しか応じてくれなかった。

しかし、「○○の場所はどこですか?」と尋ねた後でお茶に誘うと15・8%の女性が応じてくれたのだ。

ちなみに、タバコを手に持っている女性に「火を貸してもらえませんか?」と頼んでからお茶に誘うと、こちらもほぼ同じ15・0%の女性がお茶につき合ってくれたのだ。

つまり、何か頼みごとやお願いごとがある場合には、その相手が簡単に応じられる別の頼みごとを先にすべきなのである。

「応接間のお茶、片づけといてね」

そして相手がその頼みごとをのんだら、続けざまに本命の頼みごとを持ち出せばいい。

「ついでに応接間の掃除も頼むよ。かなり汚いから」

一度頼みごとを聞くと、心理的な警戒感がなくなり、自分はやさしい人間だと思い込んでしまうため、立て続けのお願いにも思わず応じてしまうのだ。

ただし、このテクニックを頻繁に使うことは避けたほうがいい。いつもあなたにしてやられている相手は警戒しはじめ、何も頼みを聞いてくれなくなるからだ。

ワナを仕掛けて相手をはめる

最初のお願い　応じやすい頼みごと

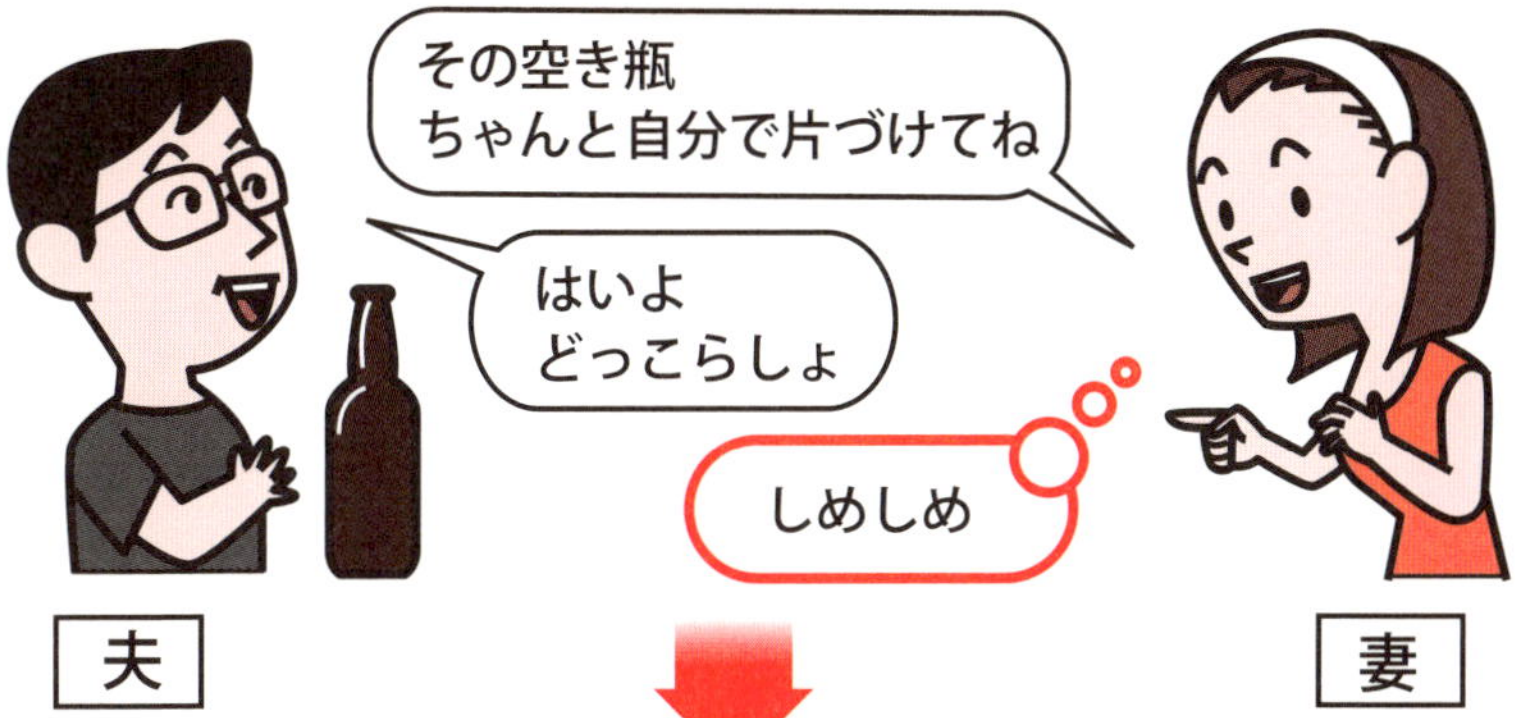
その空き瓶
ちゃんと自分で片づけてね
はいよ
どっこらしょ
しめしめ
夫
妻

続けざまのお願い　本来の頼みごと

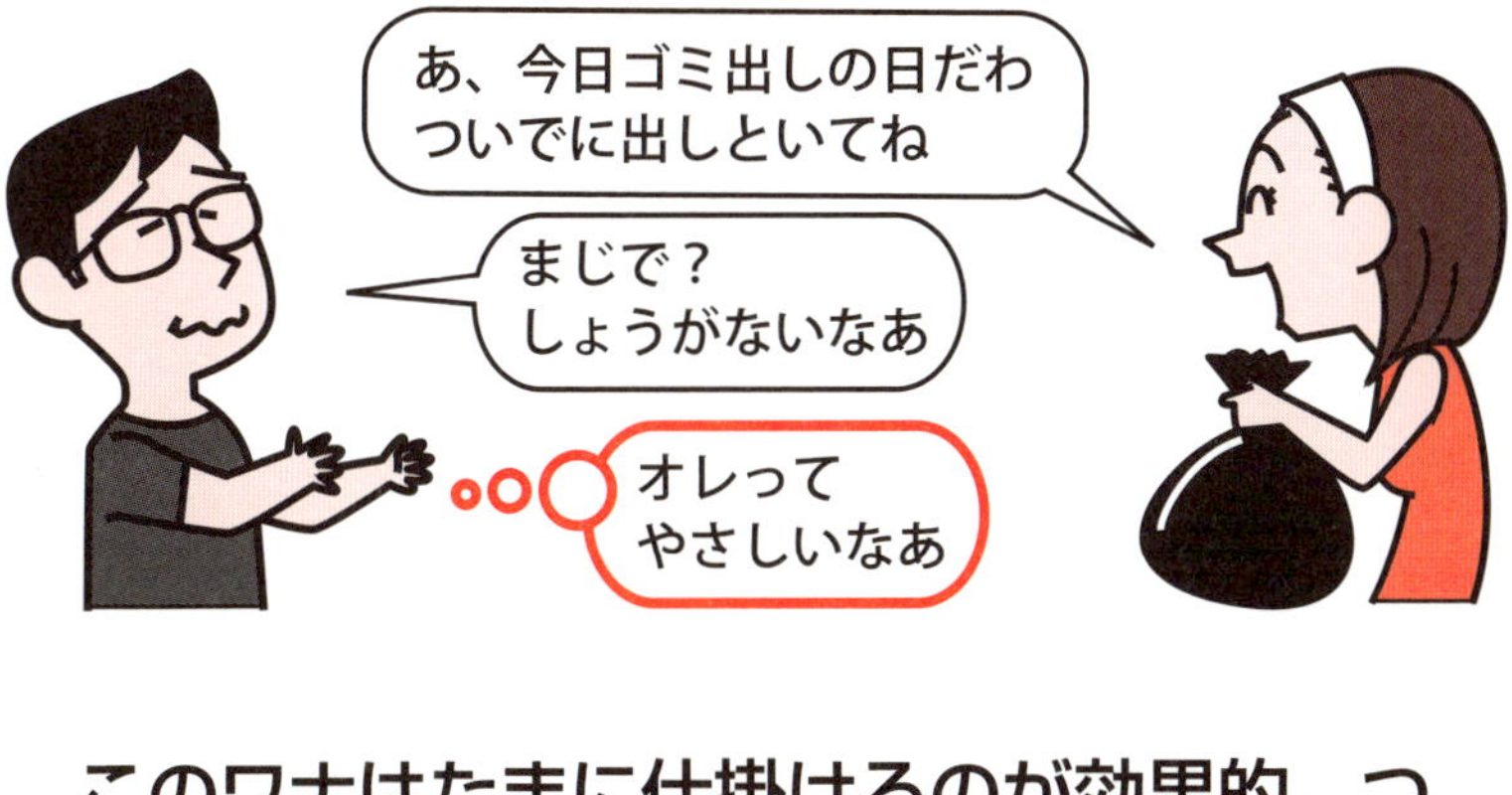
あ、今日ゴミ出しの日だわ
ついでに出しといてね
まじで？
しょうがないなあ
オレって
やさしいなあ

このワナはたまに仕掛けるのが効果的。つねに仕掛けていると警戒され、気づかれて逆に痛い目にあう

心理会話

13 小さな親切が大きな親切を生む

親切心は継続する

いったん親切をおこなった人は、その後も親切を続けてしまう傾向がある。

「一度頼みごとを聞くと、立て続けのお願いにも応じてしまう」という先の項目に似ているのだが、それとは異なる。

つまり、親切をしてあげるのが〝違う人〟であっても継続し、親切をやめられなくなってしまうのだ。これは、人間の一貫性を保とうとする習性からきている。

たとえば、大人気の焼き肉店の行列に並んでいたとする。前の人から「すみません。ちょっとトイレに行きたいので、場所いいですか？」と頼まれて引き受ける。すると、後ろの人からも「申し訳ないんですが、この子ちょっと見ていてもらえます？」とペットのイヌを預けられてしまう。こんなことはあなたにも経験があるはずだ。

つまり、一度「いいよ」と引き受けてしまうと、〝いい人〟になった自分を自分の中で一貫させるため、他の人からの違うお願いにも〝いい人〟ぶって応えてしまい、親切心を継続させてしまうのだ。

これを裏付ける調査結果がある。オランダのユトレヒト大学キース・ヴァンデンボス博士が、駅の待合室でおこなった実験である。

16歳から64歳までの29人に対して、まず1枚のアンケートに答えてくれと頼む。お礼を述べて待合室を出てから1分後に、別の調査員が乗客を装って待合室に入ってきて、何本ものペンを落とすというドジを演じる。

そのとき、どれだけの人がペンを拾うのを手伝ってくれたか調査した。すると、アンケートに答えてくれなかった人たちは7・1％の人しか手伝ってくれなかったのに対し、アンケートに協力してくれた〝いい人〟たちは53・3％もの人たちが手伝ってくれたのだ（左図参照）。

まずは小さな親切を引き出そう

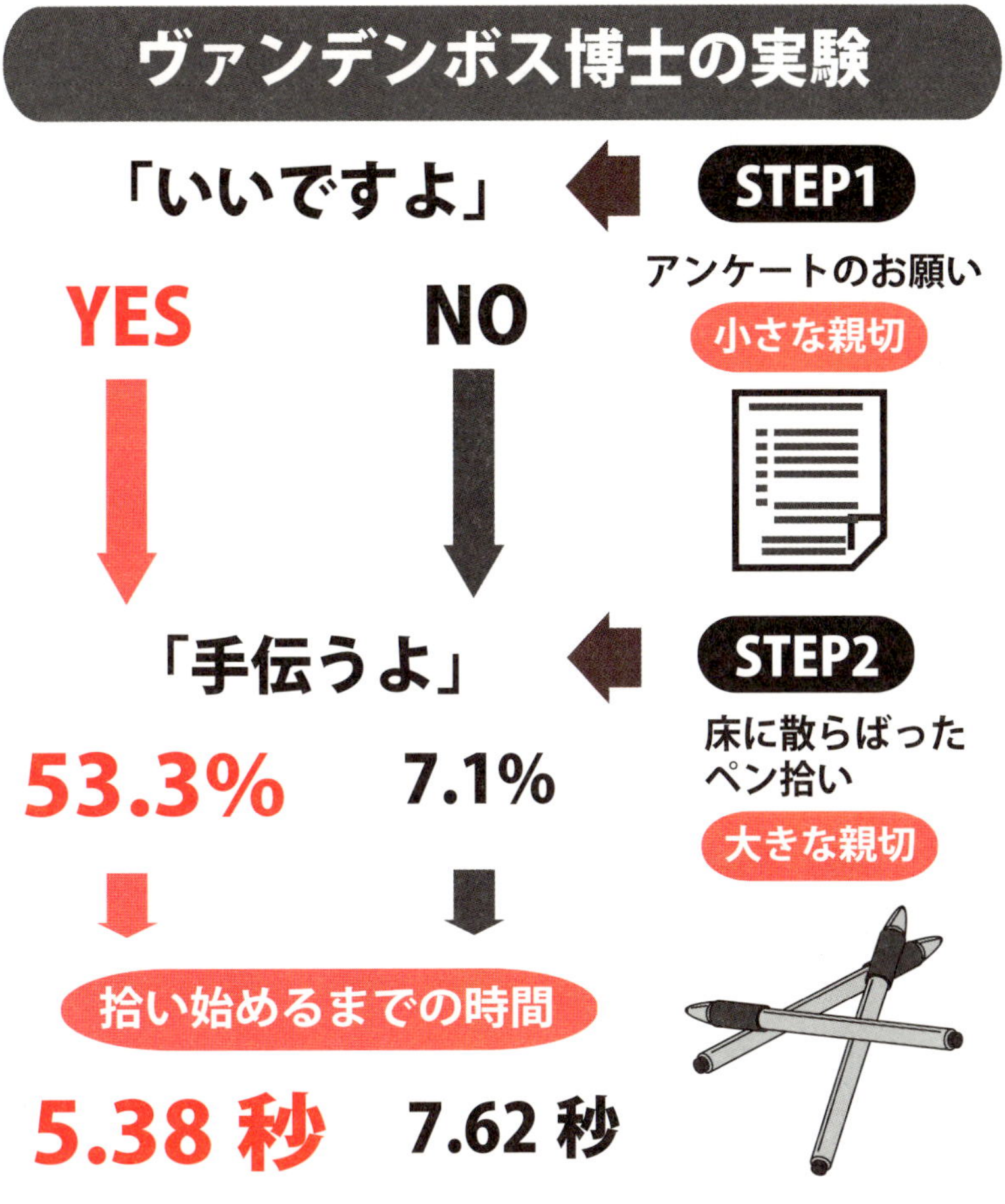
ヴァンデンボス博士の実験
STEP1
アンケートのお願い
小さな親切
「いいですよ」
YES
NO
STEP2
床に散らばったペン拾い
大きな親切
「手伝うよ」
53.3%
7.1%
拾い始めるまでの時間
5.38秒
7.62秒

一度小さな親切心を引き出されて“いい人”になった人は、その気分が継続し、ペン拾いという大きな親切もしてしまった。おまけに、その親切をすぐに始めたのだ

心理会話

14 たとえ話や比喩を多用せよ

イメージがわくように話そう

「新しく来た上野のパンダ見にいったんだって？　どうだった？」

「うん。超カワイイ！　超すごかった！」

「へえ……」

せっかくの感動も、こんな答え方では相手には伝わらない。

「そうなの。もう、ぬいぐるみみたいにカワイイの！　まるで人間の赤ちゃんのように歩くし、すごいいたずらっ子で、守ってあげたくなっちゃうの」

「あ～ん、私も見にいきたーい！」

相手に何かを伝えるためには、その相手がイメージできるような話し方をしないと、どんな感動的なことであっても伝わらない。

それでは、イメージを喚起させるような話し方とは何か。最も有効なのが、たとえ話や比喩を使うことだ。

米国サンタ・クララ大学のエドワード・マキュアリー准教授は、食器洗い機用洗剤の広告を2種類作り、それを177人の人たちに見せた。

准教授が作った広告は、ひとつは「頑固な汚れを落とす」と普通の言葉が使われていたが、もうひとつの広告では「頑固な汚れをブルドーザーのように落とす」と比喩が使われていた。

すると、比喩を使った広告に、より多くの人が心を揺り動かされていたことがわかった。

だったら、**相手にわかってほしい、理解してもらいたい、共感してほしい、などというときには、とにかく他の何かにたとえるようにすればいい。**

「私の唇のようにプルンプルンな感触よ」「彼女は深い海のような瞳をしている」「彼の身体はまるで鋼《はがね》のようよ」などと表現すれば、誰もが思わず想像するはずだ。

相手にイメージを喚起させろ！

イメージがわかない話し方
NG
この3Dテレビは最高画質です
べつに3Dじゃなくても…
お客
店員

イメージがわく話し方
OK
実際に目の前で
直接手でつかめる
リアルな感覚が
味わえます
さすが3D!
お客
店員

たとえ話や比喩を使うと具体的に想像できるようになり、相手の心により強く訴えかけられる

心理会話

15 早口なほど信頼される

話すスピードで印象が変わる

誰もが感じていることだが、話す速度はコミュニケーションにおいて重要だ。

トロトロしゃべっていつまでたっても要点がみえない人にはイラつくし、反対に、黒柳徹子さん並みの高速で畳み掛けられては、聞いているだけでも疲れてしまう。話すほうも聞くほうも、適度な速度がいいのだ。

しかし、どうせなら早口でしゃべったほうがいいという、ちょっとおもしろい実験レポートがある。

コロンビア大学のウィリアム・アップル教授は、同じ文面の文章を、機械的な操作で70％の時間に圧縮して早口バージョンにしたものと、130％の時間に引き延ばしてのんびりバージョンにした2種類を用意し、どちらの話し手のほうに信憑《しんぴょう》性を感じるかの実験をした。

すると、早口バージョンのほうが「この人は信頼できる」と評価が高いことがわかった。

これはどういうことか。

早口で話すためには、淀《よど》みなく話さなければならない。淀みなく話すためには、それだけ話す内容を熟知していて、確信をもって話さなければならない。

そうした**スムーズさが、聞き手に安心感を与え、信頼させる効果をもたらす**ことになるのである。

テレビのニュースキャスターのしゃべる速度が、どんどん早口になってきていると筆者は思うのだが、これも、早口にしたほうがニュースの信憑性を高めるのでそうしているからに違いない。

そういえば、北朝鮮や中国のニュースキャスターたちは、とてもゆっくりニュースを読んでいる。きっと、一語一句間違えないように読まないと、とんでもないことになるからだろう。それだけ管理統制された報道なのだろうが、はたして、それに信憑性を感じるだろうか――。

早口でしゃべると信頼感がアップする

ゆっくりしゃべる
ちゃんとわかってんの？
イライラするなー
要点は何？
今後は、
自然エネルギーを活用し、
とにかく原発は
廃止する方向で…
トロトロ
政治家
早口でしゃべる
ペラペラ
なるほど
すごいな～
頭よさそう
これからの時代は自然エネルギーを活用した環境にやさしい循環型エネルギー社会を目指さなければなりません。そのための第一歩として、まずは補助金制度をしっかりと構築してベンチャーが育つ環境を政府主導で整え…
政治家
信頼度アップ！

内容がどうのこうのではない。早口で話すだけで、それだけで、信憑性が高まってしまうのだ

心理会話

16 絶対に冗長な話し方をしない

長い話は嫌われる

話に無駄が多くて長たらしいことを「冗長《じょうちょう》」という。

たとえば、若手のお笑い芸人を想像してほしい。話が長いわりになかなかオチがつかないでいると、きまって先輩芸人から「もういい。次、次!」とツッコミなのかお仕置きなのかわからない仕打ちを受ける。それこそが「冗長」である。

ノースキャロライナ大学のボニー・エリクソン博士は、ある模擬裁判の記述を読ませて、目撃者の証言をどれくらい信用するかを調べた。

ただし、目撃者の証言は2種類の方法で書かれていて、ひとつは冗長な表現が目立つもの、もうひとつは短く、簡潔な表現のものであった。

たとえば、「それからあなたは、隣の部屋にすぐに行ったのですか?」と質問されたとする。

〈冗長な答え〉「両隣に部屋があるんですよ。すぐにというのは、いつのことですか? 実際には右側の……」

〈簡潔な答え〉「はい、すぐに行きました」

これを聞いた実験参加者たちは、どれくらい目撃者の証言を信じるかを測定されたが、簡潔な答え方をした証言のほうがより信じられるという結果になった。

つまり、**冗長な表現でしゃべっている人は、どうも信用性に欠ける印象を与えてしまう**ようなのだ。

同じくエリクソン博士は、「人物の魅力」もこの実験で調査したが、やはり冗長型な人ではなく、簡潔型の人のほうが魅力的であったと報告している。

簡潔な話し方には、飾り気や自己弁護といったものがいっさい感じられない。そのかわり、力強さや誠実さが感じられ、信頼性を高めることができる。

その一方で、冗長な話し方には何ひとついいところがなかった。このことを肝に銘じておきたいものだ。

困ったときは簡潔に答えておこう

冗長な話し方

A子とひどい
別れ方したんだって？
違うよ。
別れたのは、オレのせいじゃないよ。
ひどい別れ方って、
誰が言ったのか知らないけど、
なんて言ってたの？
卑怯者
嘘つき
信用できないわ

簡潔な話し方

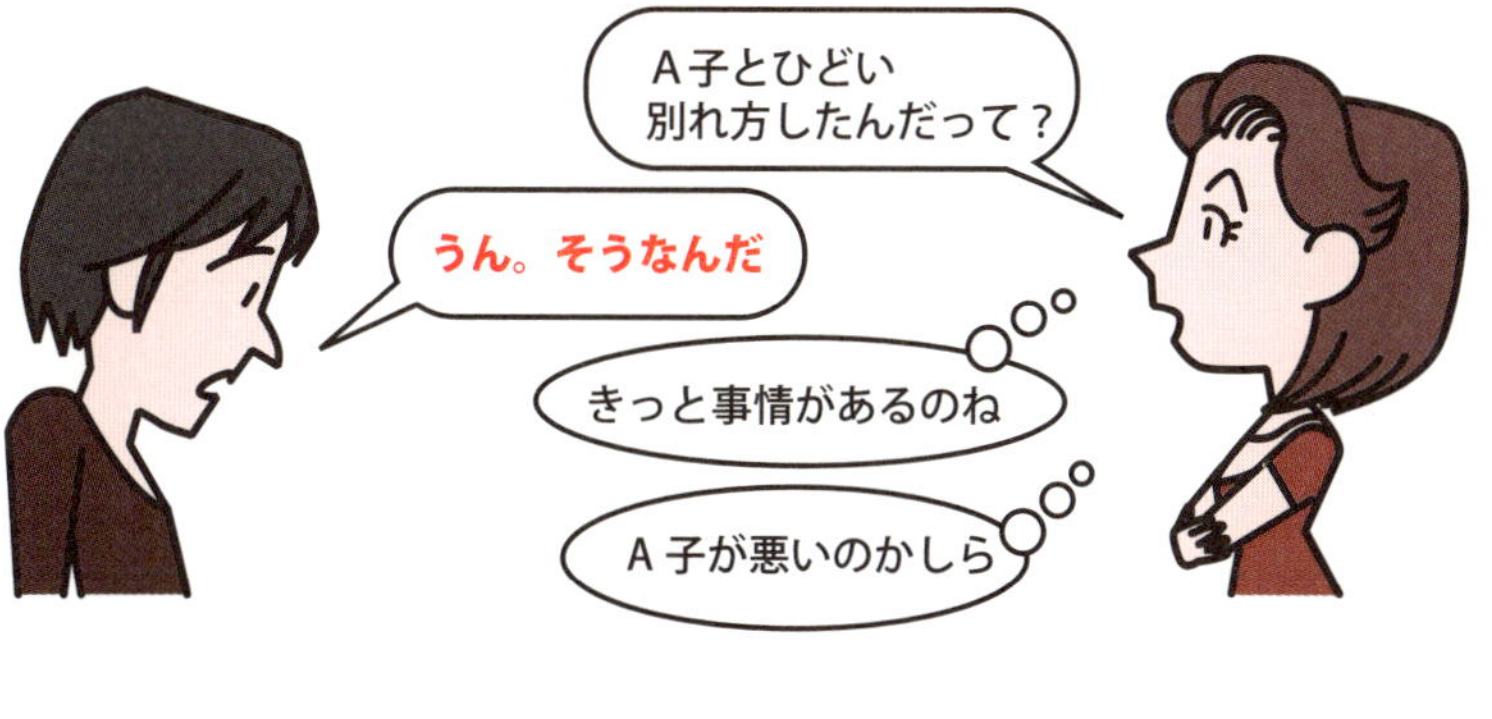
A子とひどい
別れ方したんだって？
うん。そうなんだ
きっと事情があるのね
A子が悪いのかしら

真実がどうであろうと、簡潔に話すだけで、
それだけで、信用されることもあるのだ

心理会話のツボ

タッチングの恐るべき威力

人に何かをお願いするとき、その話し方はとても重要だ。しかし、あなたの話術の手助けをしてくれるちょっとしたテクニックがあるとしたら、知りたくはないだろうか。

それは、お願いしながら、さりげなく相手の腕や肩に触れる「タッチング」だ。

そんなお願いされても無理だよ、と拒否しつつも、相手の手があなたの身体にやさしく触れるだけでその人に親近感を抱いてしまい、しまいには「わかった。ちょっと検討してみるよ」と答えてしまった経験が、あなたにもきっとあるはずだ。

実際、こんな驚きの実験結果がある。

パリ大学のデビッド・ヴァイディス博士は、駅のメインホールにいた180名ずつの男女に、「駅の装飾についてのアンケートに協力していただけませんか?」と声をかけた。

このとき声をかけたのは女性アシスタントで、お願いする直前に1回、あるいはお願いしている最中に2回、相手の腕にタッチングして調査した。

すると、タッチングしなかった場合の承諾率が20・8%であったのに対し、1回のタッチングでは42・5%に、2回では58・3%に承諾率が上がったのだ。

お願いは、触れば触るほど、聞いてくれるようになるのだ。

心理会話

第3章

相手を揺さぶる悪魔の会話術

ここでは、相手の心を手玉に取るような
禁断の心理テクニックを伝授しよう。
ときには傍若無人に振る舞い、ときには下手に出る。
ときにはおだて上げ、ときには苦言を呈す。
相手を右往左往させ、思いどおりに操る悪魔の会話術である。

心理会話

17

私の身にもなってください！

人から思いやりを引き出す方法

人間は共感することができる生き物である。

たとえば、幼い子どもは残酷で、昆虫を捕まえては解剖し、ウサギやネコを捕まえては乱暴なことをする。

しかし、親や教師が「キミがウサギさんだったらどう思うかな？」と聞くと、たいていの子は「かわいそう。もう絶対にこんなことしない」と泣きべそをかくはずだ。

そう。それまで気づけなかったことであれ、人間はその人の立場になって考えてみることができて、そして共感することができるのである。これが〝思いやり〟だ。

この能力を逆手に取って、人の〝思いやり〟を自分の思いのままに利用することができる、まさに悪魔の会話術を紹介しよう。

米国ノースウエスタン大学のブライアン・グニア博士は、大学生を対象にこんな実験をした。

まず、ある会社の財務副社長の文章を読ませた。この会社にはすでに５００万ドル投資しているがまだ赤字続きなので、追加予算が必要だと主張する内容だ。

そして、学生たちに「客観的に判断するように」と要求すると、３・87（７点満点）が追加予算を認めたのに対して、「副社長になったつもりで判断するように」と求めた場合には、その率が５・29に上がったのである。

つまり、その人の立場になってみると、その人の視点で物事を考えるようになり、共感できてしまうのだ。

だから、たとえ誰も承諾できそうもない無理難題であっても、**「私の身にもなってください！」とお願いするだけで、相手を自分の立場に立たせて考えさせることができ、そこから承諾さえ引き出せる**のである。

これだけで、相手からの思いやりの心が得られ、同意や協力をあおげるのであれば、使わない手はないというものだ。

人間がもつ“思いやり”の心を利用する

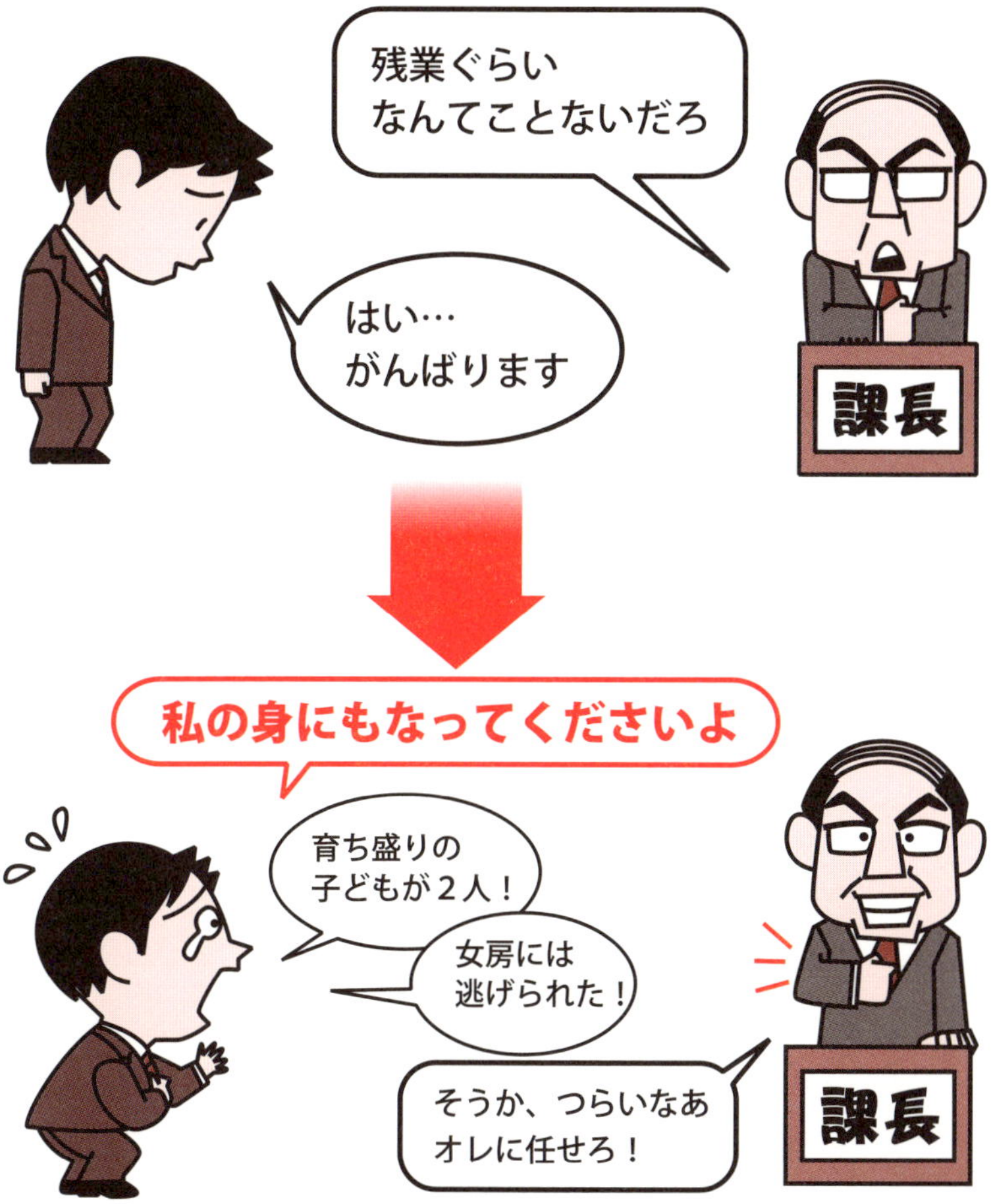
残業ぐらい
なんてことないだろ
はい…
がんばります
課長
私の身にもなってくださいよ
育ち盛りの
子どもが２人！
女房には
逃げられた！
そうか、つらいなあ
オレに任せろ！
課長

このテクニックを使うときには、自分の立場を具体的に描写できるといっそう効果的だ

心理会話

18 相手が言いそうなことを口にする

同感するだけで相手から好かれる

誰でも、自分と同じ意見を述べられると悪い気分はしないものだ。反対に、自分の意見と正反対のことを口にされると、なんだか居心地が悪くなり、不満が嵩《こう》じ、何か文句を言いたくなってくるはずだ。

そう。とても単純な事実なのだが、相手が思っていることを言ってあげるだけで、相手は、大喜びとまではいかなくても、少なくとも気分を害することはないのだ。

それどころか、自分と同じ考えを口にしたあなたに対して好意を抱き、魅力的に感じてしまうもの。

だったら、**相手が言わないだろう、思ってもいないだろう、と推測されることは、決して口にしないこと**だ。そんなことをあえて述べたところで、人間関係は決してよくはならないのだ。

イタリアのパドヴァ大学ルイージ・カステリ博士は、75人の大学生にお年寄りをテーマにしてサクラとペアで話し合ってもらった。

サクラは、相手の意見と一致すること（例：お年寄りは孤独だ）を話すか、あるいは意見が異なること（例：お年寄りは独立心がある）を述べ、そして会話中にサクラがした動作（顔をかく、足を組む）を学生たちが真似するかどうか反応をみた。

すると、意見が一致する場合には87％がサクラの動作を真似たのに対し、異なる意見を聞かされた学生たちは62％しかサクラの真似をしなかった。

自分と同じ考えの人の話にはついつい身を乗り出して相手の動作を真似てしまう「ミラーリング効果」があるが、違う意見を述べられていい気分になれないでいると、心理的な距離感を遠く感じ、敵意さえ感じてくる。

相手のご機嫌取りをするみたいで抵抗感をもつ人も多いだろうが、これは覚えておきたい事実である。

人の心を手玉に取れ！

カチン
もっと要領よく
会議できないかなあ
イライラ
いいアイデアが
あるなら聞かせてくれよ
相手が言いそうなことを推測
いつも会議が長引くと
感じているでしょ？
そのとおり！
そうなんだよ
ついオーバーするんだ
ヨイショ
何か考えがあるんじゃ
ないですか？
前々から思ってたんだけど……

ゴマスリでも腰巾着でもいい。相手のご機嫌を取りさえすれば、人の心はたやすく手玉に取れる

心理会話

19

相手が受け入れやすい表現を使う

どこに注目させるかが決め手

前項の「相手が言いそうなことを口にする」会話術にえげつなさを感じて、自分には合わないと思う人には、この「相手が受け入れやすい表現を使う」という、もう少し〝品のいい〟会話術がおすすめだ。

たとえば、親友があなたの健康を気遣って、

「お前、その出っ張った腹、どうにかしたら？」

と〝事実〟を突きつけてきたら、あなたは「オレの勝手だろ！」と反発したくなるだけだろう。しかし、

「お前、最近、肥《こ》えた？　オレと一緒にダイエットしてみる？」

と、同じ内容でも〝ダイエット〟という面に目を向けさせられると、反発を感じることなく、なんとなく話を聞いてしまうというものだ。

ここで実験データを紹介しよう。

米国ミネソタ大学のアレクサンダー・ロスマン博士によると、患者に手術を受けさせようとするときには、「600人中400人が死にます」と告げるより「600人中200人は助かります」と教えたほうが、患者の承諾率が上がったという。

まったく同じ内容のことでも、「死ぬ」ということに目を向けさせるのではなく、「助かる」ことに焦点を当てたほうが、「それなら手術を受けてみよう」という気持ちになったのだ。

したがって、**相手に何かを聞き入れてもらいたいのなら、相手が受け入れてくれそうな表現を使うべきだ。**

「出てくる料理のまずい居酒屋へ行こう」ではなく、「料理はイマイチだけど、お酒の種類が豊富な居酒屋」と表現しよう。「あの人は仕事が遅い」ではなく、「仕事はのんびりだけど、丁寧」と言い換えよう。

それだけで、相手の心は簡単に開くのだから。

焦点の当て方だけで印象が変わる

NG
この手術を受ければ
600 人中 400 人が
死にます
医者
患者
同じ事実内容
OK
この手術を受ければ
600 人中 200 人が
助かります
医者
患者

同じ事実内容でも、その表現方法によっては、説得効果が正反対に変わってしまう

心理会話

20 耳に痛い話を聞かせる

人は自分の欠点を知りたがる

ここまで述べてきた会話術とはまるで正反対と思われるだろうが、これほどの悪魔の会話術もない。

そう。誰でも自分の欠点には目をつむって知らん振りを決め込みたいもの。なのに、そんな耳に痛い話をあえて口にしようなどとは、いったいどういうことか——。

先に調査結果から紹介しよう。

ニューヨーク大学のジャスティン・クルーガー博士は、30人の私立探偵を対象にして、彼らの浮気調査のクライアントたちが、その証拠となる現場写真を見たがったかどうかを調査した。

すると、パートナーの浮気現場の写真を見ることを選択したクライアントは92％に達した。そして、そのうちの33％は、見た後に落ち込んでいた。

つまり、**落ち込むとわかっていながらも、自分のいやなこと、見たくないものを、見たがったり知りたがったりする**というパラドクスがみられたのだ。

ちょっと想像してほしい。「キミにとっては耳に痛い話かもしれないんだけど、聞きたい？」とささやかれたら、たとえどんな屈辱的な指摘であろうが、「ぜひお聞かせ願いたい」となるはずだ。

反対に、いきなり欠点を指摘されたり、弱点を目の前に突き出されたりしては、不快感しかわかないだろう。

だったら、もし相手の欠点を改善してほしいときには、相手がその指摘を聞きたがるようにしてから、話すようにするべきだ。

「きっと聞きたくない話だと思うんだけど、聞きたい？」

「いやな話になるけど、それでも聞く？」

すると、9割がたの人は無性に聞きたがり、先を急《せ》かすようになるだろう。話し方ひとつ変えるだけで、正反対の反応が引き出せるのである。

目を背けたい事実でも知りたがる

証拠写真、見たい？
はい
92%
私立探偵
浮気調査の依頼者
パラドクス
落ち込む
33%
見なければよかった…
浮気調査の依頼者

知らないほうが幸せだったかもしれないのに、それを知りたがるのが人間

心理会話

21 否定表現は誤解されやすい

うがった見方をするのが人間だ

会話において、避けたほうがいい表現がある。それは、否定的な言い方である。

「でも」「だって」「ていうか」「そうじゃなくて」

こうした口ぐせをもつ人との会話ほど不快なものはないし、もしあなたがその一人であるなら、早急に改善すべきであろう。その理由を知りたければ、巷《ちまた》に溢れる会話作法本の類いを読んでもらいたい。

ここでは、もっと恐ろしい「否定表現」の話をする。

「福島第一原発の事故によって放出された放射線量は、ただちに人体に影響を与えるものではありません」

不幸なことに、多くの日本人にとって聞き慣れたものとなってしまった政府見解の文言《もんごん》である。そして、多くの日本人が言い知れぬ不信感をもった文言でもある。

じつは、**「ではありません」という否定表現は、しばしば反対の意味に解釈されてしまう。**この場合は、「それって、つまり、人体に影響があるってことでしょ?」と思われてしまいやすいのだ。

米国イリノイ大学のデボラ・グルエンフェルド教授は、「レーガン大統領はアルコール中毒ではありません」という文章を作り60人の大学生に読ませた。すると、かえってその内容を疑ってしまうという気持ちを引き出すことを発見した。

さらに教授は、「ゼネラル・モーターズは、安全でない車を意図して製造してなどおりません」と否定する文章を作ったが、こちらの場合も学生は「わざと危険な車を作っているのかもしれないぞ」という気持ちになってしまうことが判明した。

ことさらに否定しようとすると、かえってその反対のことがフォーカスされてしまうものなのだ。したがって、くれぐれも日本政府のような否定表現はしないことだ。

否定表現はなるべく避ける

否定的な答え方

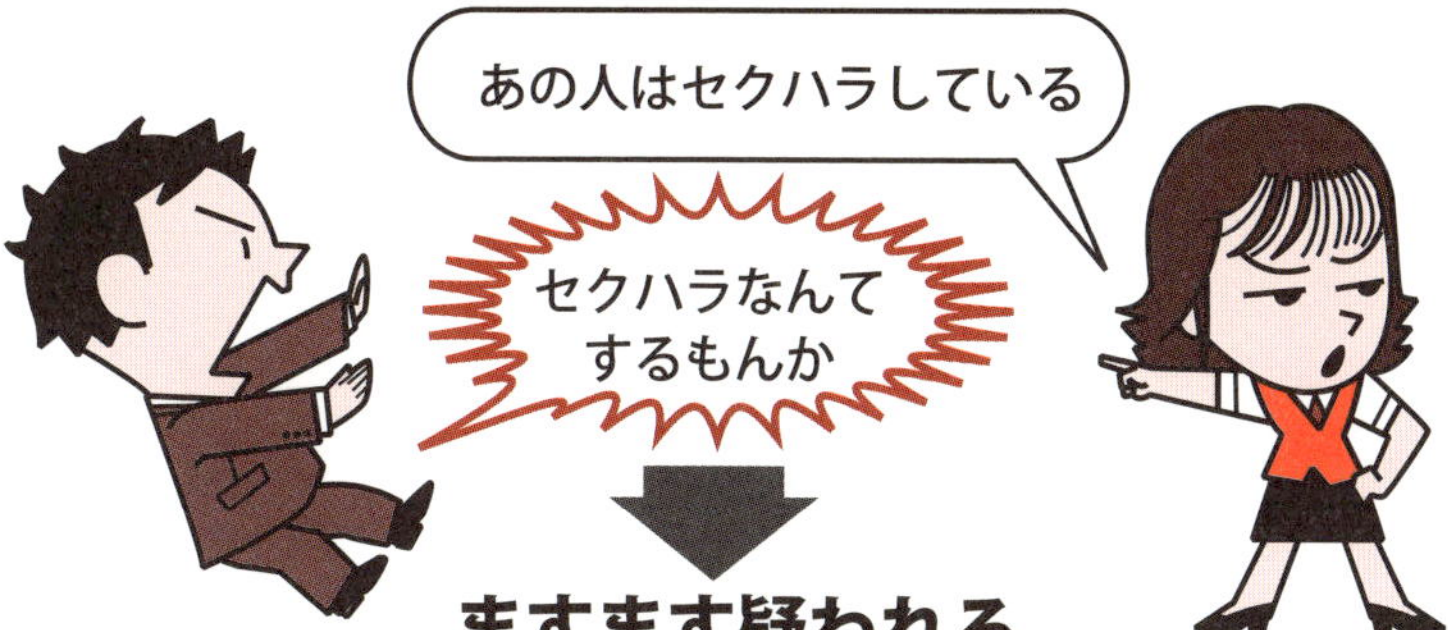
あの人はセクハラしている
セクハラなんてするもんか

ますます疑われる

肯定的な答え方

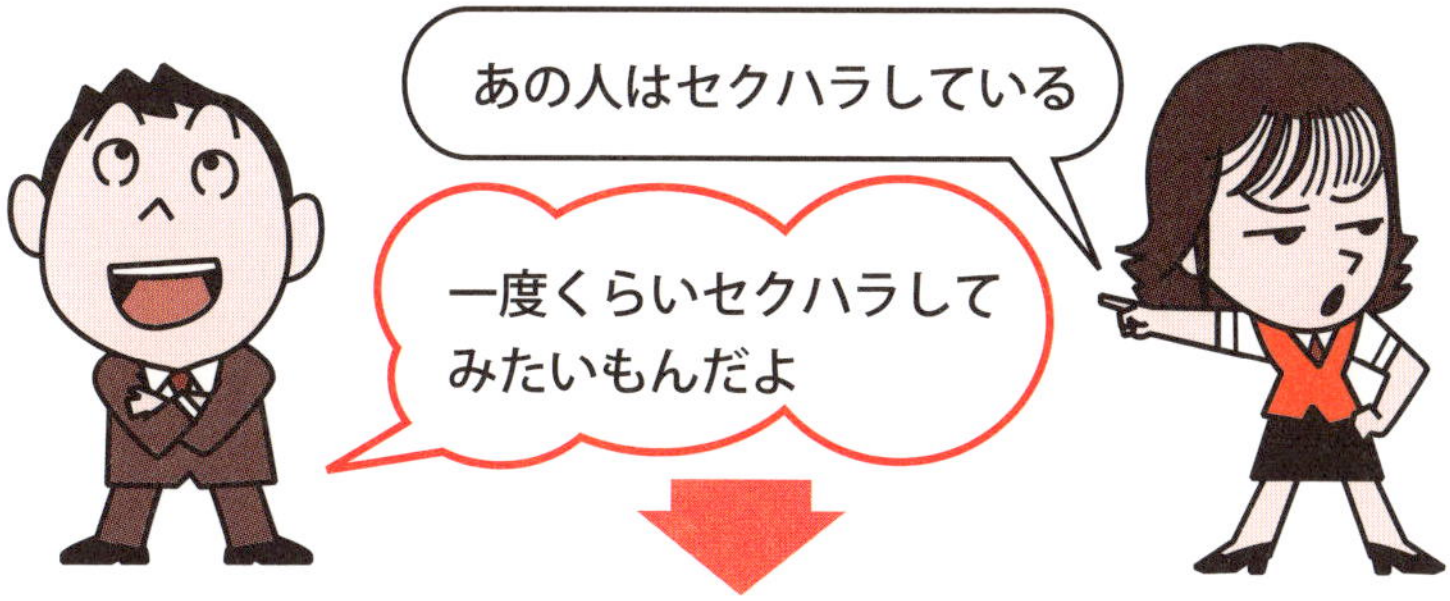
あの人はセクハラしている
一度くらいセクハラしてみたいもんだよ

笑い飛ばして冗談にしてしまう

否定することで、人はかえってその対象に焦点を当ててしまい、うがった見方をする傾向がある

心理会話

22 地位の高い人ほど理不尽になる

理不尽な人は嫌われる

ソフトバンクの孫正義さんは、ツイッターに個人名のアカウントをもつことで有名だ。ユーザーからのさまざまな要望に対して「やりましょう！」と即答し、実際にトップダウンで実行に移すことで話題にもなった。

しかし、孫社長から指示を受けた部下は、きっとたまったものではなかったろう。「こんな無理難題、すぐには実現できません！」などと抵抗したのではなかろうか。

その真偽はともかく、組織のトップに立つ人には強力なリーダーシップが必要になるため、ある意味、理不尽《りふじん》な振る舞いをする人が多い。

この傾向は企業のトップだけでなく、医者や弁護士といった社会的地位の高い人に多くみられるものである。

台湾の国立中山《チュンシャン》大学ウェンビン・チョウ博士が調査した興味深い報告がある。

博士は、ある飛行機の乗客360名（平均40・4歳）を対象に、「あなたの荷物は重量オーバーになるため、追加の料金を払ってくださいと航空会社に告げられた。しかしあなたは、支払いを拒否したい。航空会社はそれに応じると思いますか？」と尋ねた。

すると、そんな理不尽な要求にも応じてくれると答えた割合が、エコノミークラスで3・8、ビジネスクラスで7・2、ファーストクラスで7・7と、運賃の高いクラスの乗客ほど高かったのだ。

つまり、**自分の地位が高ければ、たとえ無理難題で理不尽な要求でも、相手は応じてくれると考える傾向が強い**ということだ。

ここから得られる教訓がある。人の上に立つ人ほど、理不尽になりやすい。しかし、そんな人は嫌われやすいのも事実。そこで、上に立つ人は、そんな自分をつねに省《かえり》み、自戒《じかい》し、嫌われないように心がけるべきである。

地位の高い人ほど自戒しよう

Just Do It!
独自の理念
イノベーション推進のための決断力
強いリーダーシップ
要求が通る
会社のトップ
NO
お茶
風呂
飯
別れてください
要求は通らない
定年退職した夫

トップに立つ人間はどうしても理不尽になりやすい。しかし時と場合によっては、それがマイナスとなる

心理会話

23 きわどい質問のかわし方

鉄の女サッチャーに学ぶ会話術

あなたは、1980年代の英国首相マーガレット・サッチャーを知っているだろうか。保守的かつ急進的改革を断行した強硬な性格から〝鉄の女〟の異名を取った著名な政治家だ。

そのサッチャー元首相は「相手の矛先《ほこさき》をかわす」ことに非常に長《た》けていた人物だったそうで、彼女の会話術を研究した報告がある。

英国ヨーク大学のピーター・ブル博士は、議会での彼女の答弁を細かく調べ、野党からの厳しい質問攻めや追及をどのようにかわしたかについて調べた。すると、いくつかのテクニックを駆使していたことがわかった。

最も多く使われたのが「質問を無視する」というもので、困った質問を受けたときの76%にも上った。相手がどんな質問をしてきても、まるでそんな質問は存在しなかったように扱ったのである。

次に多かったのが「質問者へ攻撃を加える」方法で25%だった。相手の質問に間髪をいれず「その質問は仮定の話にすぎない」「誤った前提に立っている」「それは不正確である」「その質問はいまの状況に関係がない」と逆に攻撃することで、答える価値もない質問だと強くアピールしたのだ。

他にも、「私はまだ発言中です、後にしてください」と質問を遮《さえぎ》ったり、相手の質問の途中に「もっと明確におっしゃってください」と言葉をかぶせたり、以前の答弁をくり返し「ですから先ほども申し上げたように」と質問を封じ込めたりしていた。

あなたも、誰かと話していて、答えにくい質問を受けたり、何かを追及されたりして返答に詰まったときには、これらの鉄の女の会話術が有効だ。

彼女のように華麗に、力強く、相手をかわしてみよう!

鉄の女の「相手をかわす」会話術

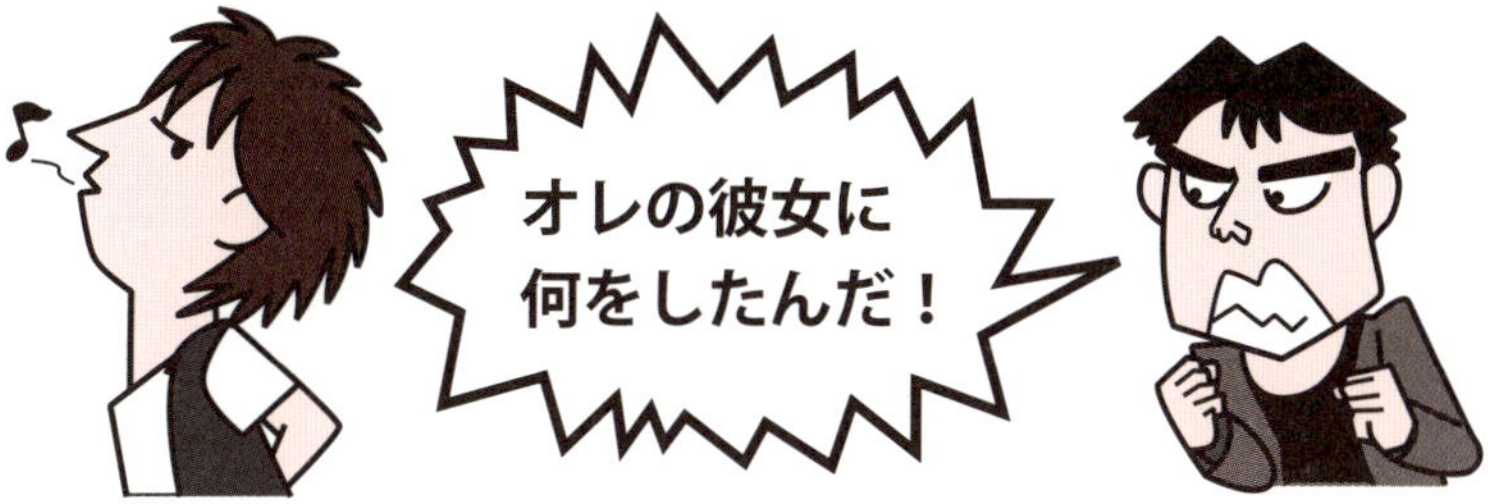

方法その1　**質問を無視する**

「彼女って誰？」
「お前に彼女って、いたっけ？」
「そんなことより、お前、大変だな～！」

方法その2　**質問者へ攻撃を加える**

「お前、誰かにウソ吹き込まれたな！」

方法その3　**質問を遮る**

「忙しいんだ、後にしてくれ」
「何を言いたいのかわからん」

つねに堂々と、落ち着いて対処すれば、どんな追及もかわすことができる！

心理会話

24 理由がなくても人は動く

理由っぽいものがあればいい

自分の意見を通そうとするとき、どんな理由を持ち出せば相手が納得してくれるか、頭を悩ませる人は多い。

しかし、心理学の世界には「どんないい加減な理由でも相手は動く」というデータがある。ハーバード大学のエレン・ランガー教授による、有名な実験報告だ。

実験では、これからコピーをとろうとコピー機の前にいる人に対して、次のように願い出る。

〈パターンA〉「すみませんが、先にコピーをとらせていただけませんか?」

〈パターンB〉「すみませんが、コピーをとらないといけないので、先にコピーをとらせていただけませんか?」

Aは通常の申し出だが、「急いでいる理由」や「譲ってあげるべき理由」がない。

これに対してBの申し出は「循環論法」と呼ばれるものので、なんとなく「急いでいる理由(らしきもの)」がある。落ち着いて考えたらまったく理由になっていないが、とりあえずは理由っぽく聞こえる。

そして両者の申し出の結果は、驚くべきものがあった。Aで先にコピーをとらせてもらえる確率が60%だったのに対し、Bの場合はなんと、93%もの確率で、先にコピーさせてもらえたのである。

要するに、自分の意見を通すのに正当な理由などいらないのだ。とりあえず**「理由っぽく聞こえるもの」を突きつけられると、相手は軽い思考停止状態になって、なんとなく押されてしまう**のである。

会話中、なんとなく勢いにのまれることは誰にでもあるだろう。それが、まさにこれだ。

ただし、相手に考える時間を与えてはいけない。冷静に考えさせたら、理由になっていないことがバレてしまう。考える時間を与えず、サッサと話を終わらせよう。

理由っぽいものは口ぶりで作り出せる

どうしていつも
ゲームしちゃう
わけ？
おもしろいじゃん
一緒に遊ぼう！
説得力ゼロ

なぜなら 秀逸だからさ
つまり
人をトリコにする
魅力があるんだ
私もやろうかな
説得力アップ

会話の中に「なぜなら」「つまり」を挿入するだけで、どことなく「論理的な人間」に見える

心理会話

25 その場限りと思わせるな!

「次」の面会をほのめかせ

会社の上司や同僚のように、いつも一緒にいる相手であれば、時間をかけて自分の好感度を上げることができるかもしれない。

しかし、たとえば営業先で初めて顔を合わせる相手を自分のファンにすることは、なかなか難しい。

確かに、仕事で面会する相手のなかには、あからさまにぞんざいな対応をしてくる人もいる。

しかし、彼らがぞんざいな対応をしてくる理由を考えてみよう。

答えは簡単だ。相手はあなたのことを「今回限りの、もう二度と会わない人」と思っているのだ。だから対応もいい加減になるし、表面的なものにとどまる。

米国ジョージア大学の心理学者デビッド・シェファー博士は、48名ずつの男女を2グループに分けて面談させて、次のような実験をおこなった。

まず、一方のグループには「この人との面談は今回限りです」と伝えたうえで面談させた。

そしてもう一方のグループには「今後もこの人との面談が続きます」と伝えたうえで面談させた。

すると、「今回限り」と伝えられたグループでは表面的な対応に終始したのに対し、「今後も面談が続く」と伝えられたグループでは、個人的な話をするなど、緊密になろうとする態度がみられたのだ。

だから、初対面の人と会うときには、名刺交換の際に「また来週にでもお伺いしますが」とか「これから長いおつき合いになると思いますが」といった言葉を付け加えるとよい。

要するに**「この関係は今回限りじゃありませんよ」とメッセージを送る。たったこれだけで、相手の今後の対応が大きく変わってくる**のである。

初対面の挨拶に「次」を入れる

はじめまして
○○社の ×× です
これから長いおつき合いになると思いますが
よろしくお願いします
はじめまして
○○社の ×× です
「次」が見える
「次」を意識した誠実な対応
「次」が見えない
その場限りのぞんざいな対応

「その場限り」の相手に対して心を開くことは決してないし、いい加減な対応をとる

心理会話のツボ

ちゃんとした言葉を使おう

「っていうかあ」

「みたいな」

「まじヤバい」

……よく聞かれる若者言葉だ。

ここでお説教をしたいわけではないが、こんな言葉遣いをしていては本人のためにならないことを、認識する必要はあるようだ。

言葉というものは時代によって、あるいは世代によって激しく変化するものだから、いつかこれらの言葉が〝ちゃんとした言葉〟として扱われる可能性も否定できないが、少なくとも現時点では、あまり評価される言葉ではない。

ペンシルベニア州立大学のブレンダ・ラッセル博士は、ある会社の面接試験を受けている18歳から43歳までの男女をビデオに撮影し、彼らが口にした言葉によってどれだけ採用率が変わったかを調査した。

すると、「えーと」という言葉を15回口にした人の採用率は0・73点、「みたいな」を15回口にした人はマイナスの0・06点と低かったのに対し、そうした言葉のなかった人は1・86点と高評価であった（3点からマイナス3点の6点の範囲）。

アメリカでも、たぶん世界中のどこの国であっても、〝ちゃんとした言葉〟で話したほうが、相手は好意的に受け止めてくれるのだ。

第4章

人の心を動かす 心理会話

面と向かって発するものだけが会話ではない。
ちょっとした言葉の端々に忍び込ませた毒を
相手に気づかれることなくのませ、体中を毒で冒していく。
そんな恐ろしい「心理会話」を紹介しよう。
くれぐれも、悪用することのないように。

心理会話

26

感情表現はほどほどに

話し方からすべてがバレる

自分の豊かな感性をアピールしようとして、あるいは、喜怒哀楽《きどあいらく》を正直に表現しようとして、感情を素直に言葉にすることを、よくないことだと否定する人はいないだろう。それどころか、学校の教師であれば情操《じょうそう》教育の一環として、生徒たちに強く推奨するはずだ。

しかし、そういった感情表現が意外な印象を相手に与えることがわかってきた。

まずはその裏付けとなる実験結果を紹介しよう。

ポーランドにあるマリー・キュリー・スクロデフスカ大学のバーバラ・ガウダ博士は、①刑務所の収監者60名（反社会的と診断された人）、②刑務所の収監者40名（反社会的ではないと診断された人）、③100名の大学生の3つのグループに分け、抱き合っている男女のカップルの写真を見せて、感じたことを自由に話してくれと頼んで調査した。

その結果は左図のとおりである。つまり、反社会的と診断された刑務所の収監者ほど話した単語の数が多く、かつ、感情を表す言葉をより多く使って話したのである。

感情を表す言葉とは、「とても幸せだ」「超ムカつく」といったものだ。

この結果からどういうことがいえるか——。

つまり、**感情語を多用していると、反社会的な人だろうと推測されやすい**ということだ。そして、**自分の感情をすぐに表出すると、セルフコントロールのできていない人とか、バカな人と思われやすい**のだ。

だから、自分を、教養のある切れ者のように思ってほしければ、絶対に感情語の多用は避けるべきだ。

あなたの豊かな感受性をわかってもらうのは後回しでいい。まずは、バカっぽく、反社会的に見られないようにしようではないか。

感情語の多用が与える印象

ガウダ博士の実験

調査対象
①刑務所の収監者 60 名（反社会的と診断された人）
②刑務所の収監者 40 名（反社会的ではないと診断された人）
③100 名の大学生

抱き合うカップルの写真を見せて、自由に語らせる

結果	①	②	③
話した単語数	35.90 個	18.84 個	19.66 個
強い感情語	0.72 個	0.57 個	0.18 個

反社会的と診断された人ほど、感情語を多用して話した

心理会話

27

失望感を伝えて心を動かす

「ガッカリした」と伝えよ

オランダにあるエラスムス大学のマーティン・ウッベン博士は、97人の大学生を対象にして左図にあるようなゲームを使って実験をした。

コインは1枚で0・5ユーロの価値があるが、相手にあげることで2倍の1ユーロになる。つまりお互いを信用してコインを渡すと、お互いがハッピーになれるが、相手を信用せずに独り占めすると、コインの価値が上がらないという条件のゲームだ。

博士はこのゲームを12回おこない、3回ごとにお互いのメッセージをやり取りすることを許した。コインを受け取れなかった学生は当然のように「なんでもっとコインをくれないんだ！」「あなたにはガッカリだ」などと怒りや不満、失望を相手に伝えた。

すると、「怒り」を伝えた後のやり取りでは、相手からの協力が2・34％増加したのに対し、「失望」を伝えた場合には、協力が6・24％も増加した。

不満への怒りを表すと、相手はそれにひるみ、協力するようになる。いわば威圧《いあつ》話法の一種で、ハードな戦略だ。しかし一方で、報復される可能性がある。

それに対し**失望を伝えるやり方は、相手の自発的な援助を引き出す**もので、ソフトな戦略といえ、おまけに報復といった副作用もない。

「なんで約束を破るんだよ！」と怒ったって、「だって、オレにも理由があるんだ」と言い訳されるだけだ。

しかし「約束を守ってくれないなんて、キミにはガッカリしたよ」と失望感を表せば、「ああ、本当にごめん。埋め合わせするから」と、より効果的に相手の協力を得られるというものだ。

言葉にしなくたっていい。ショボリした表情で相手を見つめるだけで、あなたの失望感は確実に伝わる。

10枚のコインを使ったゲームの仕組み

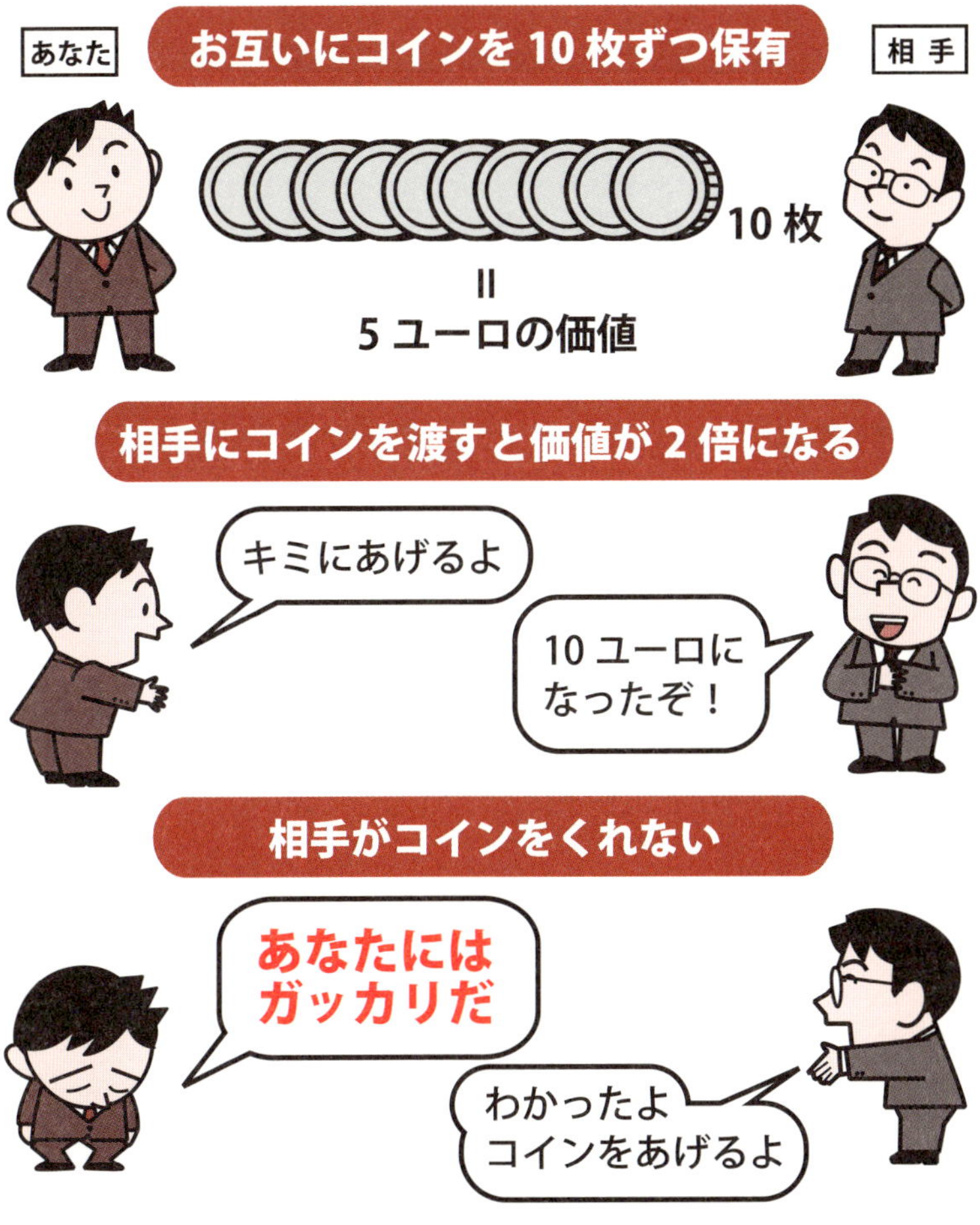
あなた
お互いにコインを10枚ずつ保有
相手
10枚
=
5ユーロの価値
相手にコインを渡すと価値が2倍になる
キミにあげるよ
10ユーロになったぞ！
相手がコインをくれない
あなたにはガッカリだ
わかったよ
コインをあげるよ

失望したことを相手に伝えると、相手からの協力が得られるようになった

心理会話 28

ネガティブ要素で関心を引け

人はネガティブ情報に敏感

街の書店には新刊本が毎日のように届けられ、店先に目を引くように積まれる。もし、次のようなタイトルの本があったら、あなたはどちらの本を選ぶだろうか？

『原発のこれからの安全設計』

『原発はこれからも危ない！』

あるいは、これはどうだろう？

『あなたが結婚できる25のルール』

『あなたが結婚できない25の理由』

ドイツのマンハイム大学ベンジャミン・ヒルビック博士は、110人を対象にし、ある文章を読ませる調査をおこなった。

その文章とは、ドイツの犯罪統計から採用されたもので、「レイプ犯は、その試みの85％で遂行されている」というものだった。とくに女性読者にとっては目を覆いたくなる調査材料であるが、これはヒルビック博士が実際におこなった調査であり、学会誌に発表された論文であるので、どうか怒らないで聞いてほしい。

そのとき、「レイプ犯は、その試みの85％で遂行されている」というネガティブな文章と、「レイプ犯は、その試みの15％が検挙されている」とポジティブな面に焦点を当てた文章の2種類を用意して、どちらの情報が正しいと思うかを調査した。

2つの文章の言い方はまるで違うが、その内容は同じだ。しかし、多くの人がネガティブな文章のほうに信《しん》憑《ぴょう》性を感じていたことが調査の結果わかった。

人は、ネガティブな要素に敏感に反応してしまう「ネガティビティ・バイアス」の傾向がある。**ネガティブな情報のほうが、心に与えるインパクトが強い**のだ。

冒頭にあげた本のタイトルを思い出してほしい。あなたもネガティブな本を選んでいたのではないだろうか？

「ネガティビティ・バイアス」とは？

ポジティブ情報
明るい未来が
見えます！
まあね～
占い師
興味なし
ネガティブ情報
未来に暗い雲が
立ちこめています
どういう
ことですか！！！！
占い師
関心がわく

人間には、ポジティブ（楽観的）に考えるより、ネガティブ（悲観的）に考えるほうを選んでしまう傾向がある

心理会話

29 偽善者に仕立て上げろ！

良心の呵責に訴える会話術

先に実験データを紹介しよう。

フランスはプロヴァンス大学の心理学者ヴァレリー・フォンシアットの興味深い報告である。

まず、交通安全協会の人が、135人の大学生に対して、運転ルールを守ることの大切さを訴える作文を頼む。そのうえで、交通安全のパンフレットを配るボランティアに参加してくれないかとお願いした。すると、10％の学生からしか協力を得られなかった。

一方、作文の後に、「あなたが犯した過去の交通違反の経験を書く」ことも要求されていた学生たちは、なんと45％もがボランティアの参加に応じたのだ。

これはどういうことかというと、自分の過ちを書くことで良心の呵責《かしゃく》を覚え、せめてボランティアに協力することで罪悪感を消し去ろうとする心理がはたらいたのだ。つまり、いきなり偽善者《ぎぜんしゃ》を装い出したということだ。

私たちは、**自分の誤りや罪を自覚すると、それがたとえ偽善であれ、一時は善行をおこなおうとしてしまう**もの。だったら、相手を偽善者に仕立て上げて、協力を引き出すことだってできるはずだ。

「どこか旅行に連れてってよ～」

と夫に要求する前に、彼の罪悪感を利用して偽善者にしてしまうのだ。

「あなたの浮気にはさんざん耐えてきました。でも子どものために別れないでいるの」

これだけで、夫の承諾率はぐんと上がるだろう。

あるいは、残業しないでいつも先に帰る同僚がいたとしたら、「お前って、いつも残業しないよなあ？」と指摘してみる。

きっと同僚は、「そんなことないよ。よければ今晩手伝うけど？」と、喜んで残業を手伝ってくれるはずだ。

人を偽善者にさせる会話術

いつもの頼み方

歓迎会のカンパして！
いま持ち合わせがないんだ…
ケチな同僚

罪悪感を引き出す頼み方

お前はいつも断るけどさ
も、もちろん出すよ
ケチな同僚

痛いところを突かれると、それを反証するために人は偽善者を装う

心理会話

30 「ざまあみろ」と思わせろ

溜飲を下げると気分がよくなる

あなたは、友人が宝くじで50万円当たったという自慢話と、その友人が競馬で50万円スッた不幸話とでは、どちらの話を聞きたいと思うだろうか。

正直な話、私たちは人の幸運を手放しで喜ぶことができない。どうしても妬《ねた》みや羨《うらや》む気持ちがつきまとう。

でも、そんな友人が不運に見舞われたとなると、「ざまあみろ」と思う。おまけにその友人が「バチが当たった」などと反省しようものなら、溜飲《りゅういん》が下がってすがすがしい気持ちになってしまう。

まずは、ドイツにあるコブレンツ・ランダウ大学のマリオ・ゴールウィッツァー博士の実験結果を見てほしい（左図参照）。

この場合、被験者とペアを組むサクラはコンピュータであるが、まあ、あまり気にしなくていい。サクラが人間であれコンピュータであれ、調査対象は生身の人間である112人の被験者たちで、そしてその反応だ。

さて、この結果から、**私たちは悔しい思いをしても、その相手がひどい目にあえば、その思いが消えてしまう**ことがわかる。また、**相手が後悔していれば、なおさら気持ちが晴れ晴れとしてくる**のだ。

この事実を人間関係に活用しない手はない！

つまり、これほど簡単に相手を喜ばせ、いい気分に浸らせる手段があれば、もはやどんな相手であれ簡単に手玉に取れるというものだ。

たとえば、険悪なライバル関係にある人物に対して「さっき脛《すね》を思いっきりぶつけちゃって、骨が折れたな。これも天罰だな」とひどい目にあったように見せかけてみよう。「ざまあみろ」と思った相手は、つい油断してしまい、きっとあなたに付け入られるようなスキを作ってしまうに違いない。

コンピュータを相手にした実験

2人で10ユーロを分けてください
オレが9ユーロ、お前が1ユーロにしよう
不満
サクラ
ペナルティが与えられる（退屈な映画を観させる）
被験者
コンピュータ
ざまあみろ
自業自得だ
天罰だ
反省するよ
悔しさ不満が解消
サクラが反省せずに「なんでこんな目にあわなきゃいけないんだ」と責任転嫁した場合は、被験者の悔しさ、不満がそのまま残った

「ざまあみろ」と思わせ、溜飲を下げてもらう。しかも、自業自得と思わせると効果的だ

心理会話

31 拒絶の言葉は口にするな

とにかく一度受け入れよう

最近のアスリートたちのインタビューへの受け答えには辟易《へきえき》する。何を聞かれても「そうですね」と頭に付けるのである。

「今日はどうでしたか？」「そうですね。今日は……」

「いまのお気持ちは？」「そうですね。いまは……」

一度に5、6個の質問があるわけだから、こちらは5、6回も金太郎飴のように一辺倒な「そうですね」を聞かされるハメになり、どうにも居心地が悪いのだ。

ただし、彼らのこの返答は心理会話的にはとても正しい。「いいえ」「違います」などと答えようものなら、爽やかアスリートのイメージダウンもいいところだ。

きっと彼らもそうした指導を受けているのだろうが、**相手の言葉を一度受け入れ、受容することは、良好な人間関係を築くうえでとても重要だ。**

たとえ、その後に断ることがあったとしても、まずは「受け入れる姿勢」を見せる。拒絶されているような気持ちにさせない配慮、気配りが求められるのだ。

フロリダ州立大学のタイラー・スティルマン博士は、同性のサクラとおしゃべりする実験という名目で108人を集め、2人で話す前に自分の将来を語るビデオを撮り、お互いに見せ合ってもらった。

次に、「あなたのビデオを見たら会うのが楽しみになった」と「会いたくなくなった」という正反対のメッセージを、どちらかひとつ実験者に伝えた。

そして、おしゃべりした後に、「自分の人生には意味があるか」を問うテストをしてもらったところ、「会うのが楽しみになった」というメッセージを受け取った人ほど、人生に意味を感じていた。

人は誰でも、自分を受け入れて認めてほしいのだ。見習うべきは、アスリートたちの金太郎飴の返答なのだ。

魔法の言葉「そうですね」

そうじゃないって
だから言ってるだろ
違うって
なんか、この人やな感じ
NG
拒絶を感じる
はい
そうですね
すごい
なんか気持ちいい人だなあ
OK
受容されたと感じる

なんでも噛み付く人は嫌われるが、受容する姿勢を見せる人は誰からも好かれる

心理会話
32
期待させるな、驚かせろ！

不用意に期待させると危険

「今度のクリスマスには、何をくれるの？」と彼女に甘い声で聞かれたら、思わず「ナイショだけど、期待していいよ」と答えたくなるもの。

だが、そんな期待を抱かせるような言い方はしないほうが身のためだ。なぜなら、期待というのはとても自分勝手に膨れ上がっていくモンスターだからだ。

「ネックレスかな？　指輪かな？　だったらティファニーかしら？」と、彼女の期待感はどこまでも妄想を膨らませる。それがただの妄想に終わったときの失望感ほど恐ろしいものはない。期待を裏切られた彼女は、ガッカリした表情を見せるどころか、鬼のような形相であなたをなじってくるだろう。

米国ノースキャロライナ大学のステファン・ウォーチェル博士は、男子大学生123人に作業を手伝わせ、その見返りに賞品を出すと伝えた。そのうち一部の学生たちには、賞品は自分で選べるとも告げていた。

しかしウォーチェル博士は、手伝ってくれた学生たちに自由に選ばせずに、博士が勝手に賞品を割り当てて与える意地悪なことをした。

すると、もともと期待していなかった学生たちが怒らなかったのに対し、「自分で選べる」と告げられていた学生たちの怒りはすこぶる高かったのである。

彼らの怒りはすべて、期待させたことから生じている。そもそも期待させていなければ、なんの怒りも喚起《かんき》せずにすんだのである。

期待を裏切られると、人は失望や悲しみを感じることは誰でもわかる。しかし実際には、〝怒り〟を覚えていたのだ。これほど恐ろしいことが他にあろうか？

期待させるのはやめておこう。期待していなかったサプライズがあるだけで、相手の喜びはひとしおなのだ。

大きな期待より小さなサプライズ

大きな期待を抱かせる

オレの目標年収はデカいぞ
まあ
スゴイ！
500万円以上は
稼いでやるぞ！
……
ガッカリ

小さなサプライズを与える

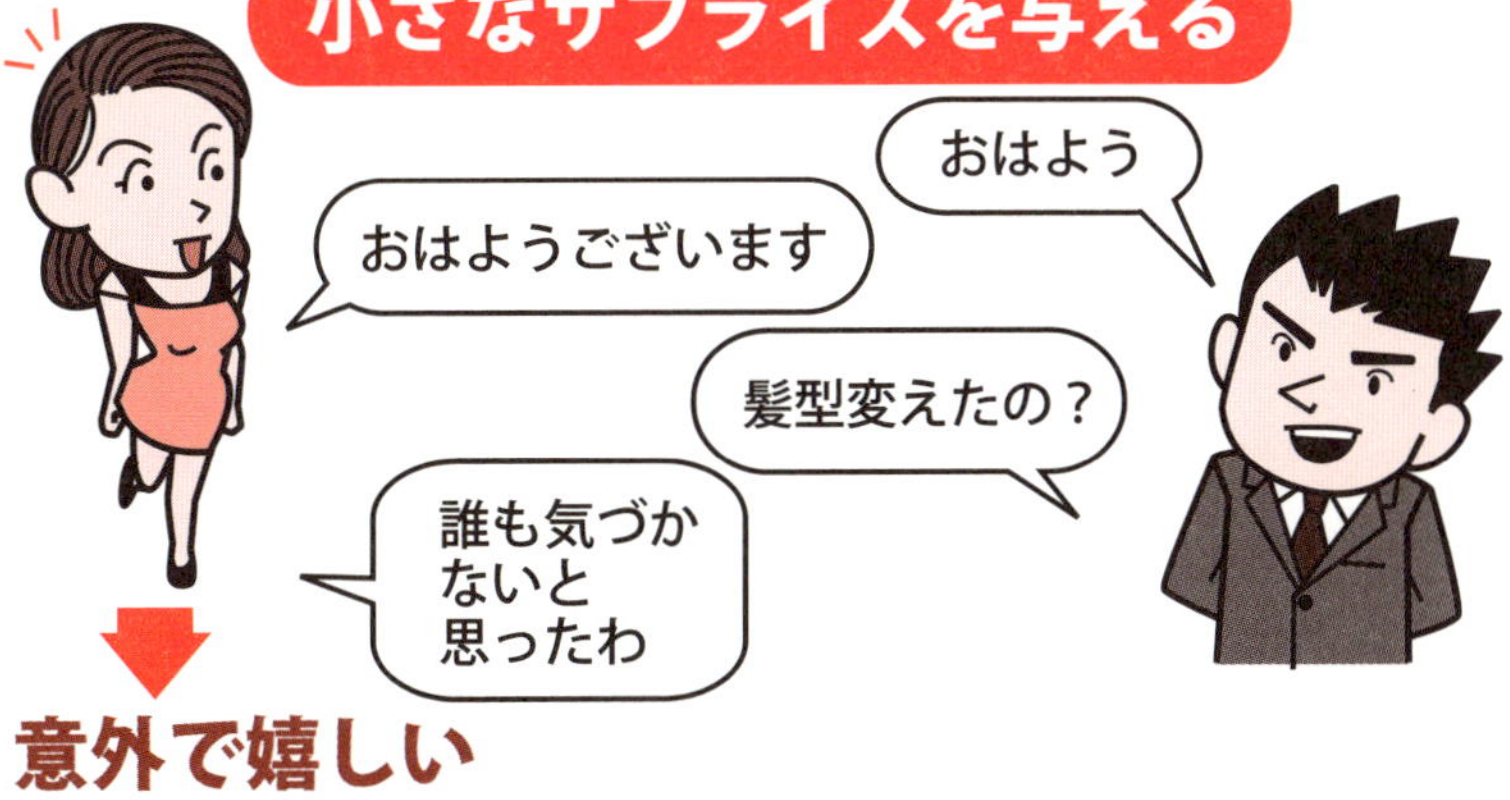
おはよう
おはようございます
髪型変えたの？
誰も気づか
ないと
思ったわ
意外で嬉しい

期待を裏切られるとその落差にショックを受け、怒りさえ覚えるものだ

心理会話

33

話して自分の心を動かす

会話で感情をコントロールする

会話とは何か。

人に何かを伝え、説得し、心を動かし、人を動かす。それが本書でずっと説いてきた心理会話だ。

だが、会話によって生きている私たちは、他人だけでなく、自分自身の感情までもコントロールでき、自分の心も自在に動かせるのだ。

ノルウェー科学技術大学のアーン・ヴィカン博士は、819人の男女を対象に、自分の感情（怒り、不安、悲しみなど）をコントロールする方法について14種類の方法を提示し、それらの有効性を判断した。

その結果、最も有効と判断されたのが「誰かに話す」方法で、約70％の支持率があった。

次には「何か行動する」という方法があげられた。逆に、「神様に祈る」「自分にご褒美を与える」はあまり有効ではないと判断された。

気分が落ち込んだときには、どうすればよいか。その一番の方法はつまり、誰かに話すことであり、誰かと会話することなのだ。

私たちは〝語る〟ことによって、心が癒されるのである。会話は、私たち自身の癒しにつながっていたのだ。

お先真っ暗で何も解決策が見いだせないときもあるだろう。そんなときには、とにかく誰かと話してみよう。きっと何かしらの糸口が見えてくるはずだ。

「でも、相談できる人がいない」

そんな悩みをもっている人もいるだろう。

でも大丈夫。自分自身に語りかければいい。

「まだやれるかな？」「ちょっと無理してるかな？」「もっと自信をもつべきだ」「前向きに考えてみよう」

問題を抱えている人は周囲が見えてない人が多いから、こうやって自分自身を客観視することが必要だ。

解決策は“会話”の中にある

人に助言を求める
どうしたらいいかな？
アドバイス
そうするよ
話を聞いてもらうだけでもいい
気分が沈んで
傾聴
話してスッキリしたよ

話せば解決することも多い！

会話で人の心を動かせるのなら、自分自身の心も動かせるはず

心理会話

34 性格を連想させる言葉を使う

イメージされやすい単語とは

どんな仕事をしているか聞いただけで、あなたはその人の性格を「きっと、こういう人だ」と決めつけることがないだろうか。

たとえば、政治家なら「腹黒そう」とか、看護士と聞けば「やさしい心の持ち主なんだ」とか、はたまた女優であれば「プライドが高そう」と思ってしまわないか。

そう。言葉には、それぞれ特有の連想させるイメージが付き物なのだ。そして、言葉から派生するそのイメージの効果まで考えて話すのが、心理会話には必要だ。

カリフォルニア大学のノーマ・フェッシュバック博士は、240人の大学生を対象に、16人分のプロフィール文章を読ませ、どんな性格の人か評価してもらった。

すると、「成績がよい」とプロフィールに書かれていた人は、「規律正しい、頑固」と評価された。

また、「寛大」というプロフィールの人は「従順、受け身」の性格とされ、「知的」というプロフィールの人の性格は「独立心、主張する、柔軟」と評価された。

つまり学生たちは、プロフィールの人物たちを知りもしないのに、文章中にある言葉によって、勝手に性格をイメージし、評価していたのだ。

しかし、学生たちの連想には、思わずあなたもうなずいてしまわないだろうか。言葉がもつ意味から連想される〝属性〟は、言語だからこそ、共通するものなのだ。

その単語がもつ属性によってイメージがわくのであれば、それを効果的に使うことが求められる。

「私って面倒見がいいのよ!」と面と向かってアピールしたところで、相手はどこまでも半信半疑だが、「動物が大好きで、イヌや小鳥を飼っている」ことを伝えれば、「この人って世話好きなのかな」と思ってくれるだろう。ここまで気を回せられれば、もう上級者だ。

会話で使う単語に敏感になろう

明るい性格です
バカそうだな
リーダーシップがありますす
頑固そうだな
面接官
動物を飼っています
面倒見がよさそうだ

連想される言葉にまで気を抜かないのが会話の達人である

心理会話のツボ

赤色は頭によくない？

緑色は植物や豊かな自然を、青色は澄み切った空や大海原を、金色は豪華絢爛《けんらん》たるきらびやかさを、それぞれ連想させる。

逆に、言葉が色を連想させることもある。桃といえば、ピンク。ミカンといえば、橙色。チーズといえば、黄色。トマトであれば、もちろん赤色だ。

じつは、トマトを見せるだけで、実際に「赤」を目にしていないにもかかわらず、赤色を見たときのような心理的影響を与えるという。

まあ、そんなこともあるのかな、と誰もが同意するだろうが、赤色が与える心理的影響のことになると、首をかしげるかもしれない。

それは、赤色を連想するだけで、不安や心配が高まり成績が悪くなる、というものだ。

ドイツのミュンヘン大学ステファニー・リヒテンフェルド博士は、49人の高校生を対象に、「トマトの色は？」という質問をするだけで赤色を見たような心理的影響を与え、そのうえでIQテストをおこなった。

すると、他の色を連想させたときよりも、赤色を連想させたほうが、生徒たちの成績が悪くなっていたのだ。

本当に赤色が不安感を高めて成績を悪くさせるのかどうかはともかく、イメージさせるだけで何らかの影響があることだけは、確かな事実なのである。

心理会話

第5章 不思議なほど効果がある話し方の上級テク

うなぎの蒲焼きには山椒。スパゲッティにはタバスコ。
会話にも、味を引き立たせるちょっとしたスパイスが必要だ。
あくまでも脇役なので、ことさらに目立つものではない。
しかし、このスパイスを振りかけた会話をすると、
不思議なほど相手の心は動かされてしまうのだ。

心理会話

35 名前の魅力をあなどるな！

内容よりも〝誰〟かが重要

不思議なことに、**魅力的な名前であるほど、人は心を許してしまう**ものらしい。

女性の読者のみなさんに想像してほしい。権兵衛さんと結婚するより、翔さんと結婚したいと思うでしょ？

権兵衛さんにとっては理不尽極まりないことだが、魅力的な名前に惹かれてしまうのは、男女問わず人間心理の〝真理〟なのである。

カリフォルニア州立大学のハーバート・ハラリ博士は、80名の小学校の女性教師と80名の女子大学生に、10歳の生徒たちが書いた作文を評価してもらった。

その結果、次のような成績となった（100点満点）。

「カレン♀」の作文　86・62点
「デイビッド♂」の作文　83・55点
「リサ♀」の作文　81・95点
「マイケル♂」の作文　80・02点
「バーサ♀」の作文　78・35点
「ヒューバート♂」の作文　77・97点

じつは、得点の高い生徒の名前ほどアメリカ人に好まれている名前で、低い生徒の名前ほどそうではないということが、事前におこなわれた別の調査で判明していた。

そこから、作文の内容以上に、〝誰〟が書いたものであるかということが、先生たちの評価に影響を与えているのではないかと、ハラリ博士は推測している。

名前は自分で選べるものではない。愛するご両親が名付けてくれたありがたいものだ。だが、その名前のせいで利益や不利益があるとしたら、これは問題である。

もし、自分の名前に不都合を感じている人がいたとしたら、極力その名前を前面に出さないことを筆者は助言したい。失礼な話であるが、魅力的なニックネームを早急に考えるべきだ。悲しいが、それが現実なのだから。

名前が宿す恐るべき魔力

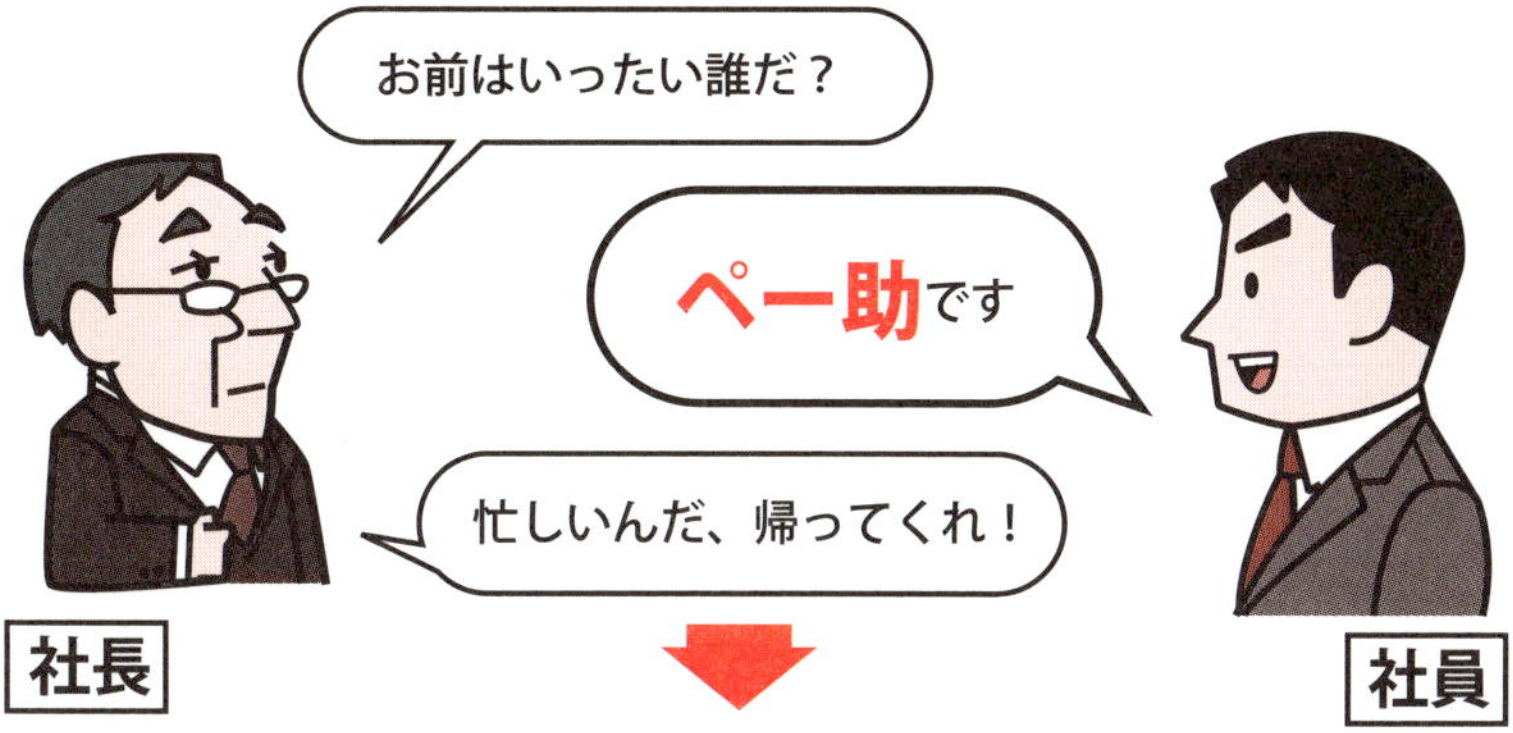
お前はいったい誰だ？
ペー助です
忙しいんだ、帰ってくれ！
社長
社員

名前によって本人の魅力が割り引きされる

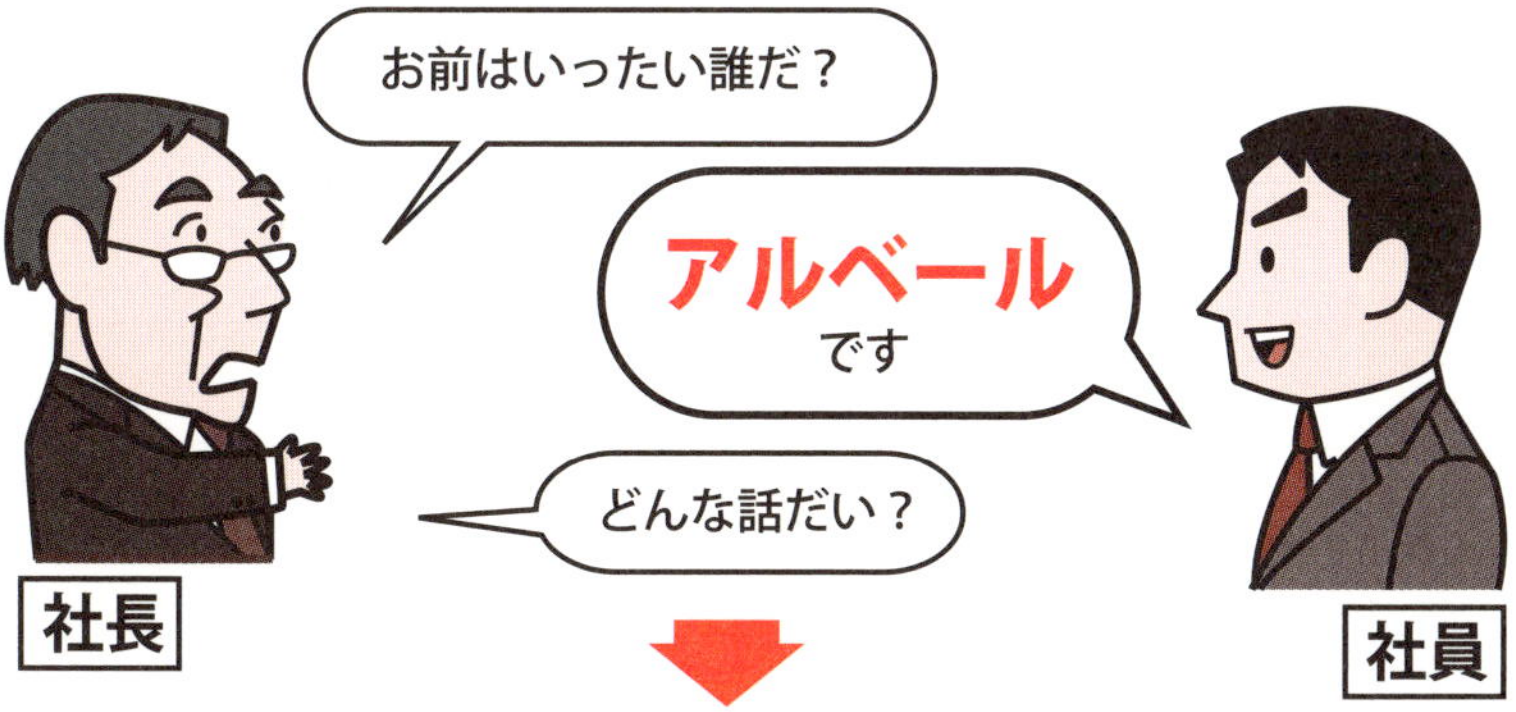
お前はいったい誰だ？
アルベールです
どんな話だい？
社長
社員

名前によって本人の魅力が割り増しされる

名前の魅力によって得られる「割り増し効果」と、反対に評価が下がる「割り引き効果」を認識しよう

心理会話

36

威張った人にはおべっかを使え

権力志向のある人の弱点とは？

やたらと威張《いば》る人や権力志向のある人ほど、やっかいな人種はいない。有能で実力のある人であれば、自然とそれなりの地位に登り詰めて権力を握るので、それはそれでいいのだが、問題なのは、能力もないのに実力以上の力を欲しがる人で、そうした人物の扱いは難しい。

あなたの会社にもいるだろう。年功序列で上役になっただけで、実力がないのに威張り散らす上司の類いが。

こうしたやっかいな人種に対して、正義漢のあなたは張り合おうとするかもしれないが、そんなことをしても抵抗されて反撃にあい、冷遇されるだけだ。

ここは、もっと頭を使って、権力志向の相手の心を手玉に取るような心理術を使ってみようではないか。

ニューヨークにあるクラークソン・カレッジ・オブ・テクノロジーのユーゲン・フォーダー博士の実験結果が、そのとっておきの方法を教えてくれている。

詳しくは左図を参照してほしいが、要するに、パワー要求が高く、威張り散らし、権力志向な人ほど、「おっしゃるとおりです」などとヨイショされ、おべっかを使われ、迎合する姿勢を見せられると、とたんにその人に対して甘くなるという事実が判明したのだ。

たんに自分に付き従ってくれただけで、その人物の評価を甘くして、正当な評価ができなくなるというのだから、これはとても大きな弱点になる。

だったら、本当は軽蔑しているはずのあなたの本心を押し隠して、徹底的にヨイショしてご機嫌を取り、そのうえであなたの要求を通してしまえばいいのだ。

ただし、パワー欲求の弱い人には効果はなく、また、自分の実力を自覚している人には逆効果となってしまうので要注意だ。美人であることを自覚している女性にヨイショしたところで、軽蔑されるのがオチなのだ。

力を好む人は迎合されると弱い

フォーダー博士の実験

①男子学生 80 人のパワー（権力）欲求度をテスト

パワー欲求の高い上位 1/3 の学生 → A グループ
パワー欲求の低い下位 1/3 の学生 → B グループ

②学生たちが上司役となって部下の昇級を審査

部下役のサクラは、ご機嫌取りをしたり、しなかったり

③結果

昇給させた率	ご機嫌取り	
	あり	なし
A グループ	**50.5%**	35.0%
B グループ	37.5%	31.3%

権力志向の強い学生たちはご機嫌取りに甘くなり、権力志向の弱い学生たちはご機嫌取りに影響されなかった

心理会話

37 「反省した」を信じるな

反省すると余計にひどくなる

何かとんでもないミスをして、多大なる被害を被ったとか、迷惑を与えてしまったとき、人は大いに反省するものである。「もう二度とこんな過ちはしない！」と。

そして教訓を得ることで、きっと次の機会にはこの失敗が生かされてうまくいくに違いないと、誰もが思う。

だが、本当に反省するだけで、もうミスを犯さないと誰が保証できるというのか。ただ、当の本人がそう信じているだけではないのか――？

米国ウェイクフォレスト大学のジョン・ペトロセリ博士は、大学生56人を使ってブラックジャックのゲームを40回やらせた。

そして、自分が負けた場合には「何がいけなかったのか」「どうすれば勝てるのか」を考えてもらいリストアップさせた。つまり「反省」させたのだ。

すると、反省した学生たちは自分の勝率を実際よりも高く評価していた。同時に、次の勝負では「勝てる」と考えるようになっていた（左図参照）。

つまり、**反省することで自分に自信がついた**のだ。

だが、よくよく考えてみると、この自信には根拠がない。勝つための訓練をしたとか、メンタル・トレーニングを積んだとか、そうしたことなど何もしていないのに、過大な自信を自分自身にもってしまったのだ。

これを心理学では「過剰確信効果」という。

反省というのは、えてして自分勝手な解釈に陥ることがある。自分かわいさから、自分はできると思ってしまうのだ。しかし反省しても懲《こ》りないのが、私たちだ。

だからギャンブル好きな人が何度も負けて「反省」すると、何やらコツをつかんだような気になって自分に自信がつき、さらに泥沼にはまっていくのも、こうした「過剰確信効果」からきているのだ。

反省しただけで自信をもってしまう

ペトロセリ博士の実験

① 40回ブラックジャックをプレイ

負けると、そのつど、どうすればよかったのかを
考えさせる（反省させる）

②ゲーム終了後に勝率を聞く

学生たちの答え：平均49.26%の勝率
（実際の勝率は43%）

③あと10回勝負したら？

「勝てる」と回答

根拠のない自信

中途半端な自己反省は「反省した」だけで、
何らかの上達を感じてしまう

心理会話

38 自分の魅力を計る方法

真似をされたら一人前

女性ファッションのトレンドを牽引《けんいん》する人気モデルやカリスマ店員、あるいはスーパー読者モデルでもいいが、彼女らのファッションを支持する人たちは、そのテイストを真似しようとするものだ。

これはファッションに限ったことではない。尊敬する人物の口ぶりを真似したり、あこがれの人の趣味と自分の趣味を同一化してしまったりするのも、目標とする存在に一歩でも近づきたいと思うことからくる自己変革の一種である。

私たちは、まずは目標を真似することで、自分を成長させていくのだ。つまり、**他人から魅力的だと思われるものは、真似されるようになる**、ということだ。

オランダのラドバウド大学マーチス・ヴァンリューベン博士の実験を紹介しよう。

まず、60人の女子大学生に塗り絵をしてもらった。塗り絵というものには完成形となるお手本があるが、この実験でも彼女らには見本を見せて実験をした。

ただし、その見本を描いた女性の顔写真も添えていて、一方は魅力的な女性の顔が、もう一方にはそうではない女性の顔が写されていた。

そして、魅力的な顔写真の女性が描いた見本とどのくらい同じ色を使うのかを測定したところ、5・47色と高かったのに対し、魅力的でなかった顔写真の見本では、3・24色しか同じ色が使われなかった。

つまり、学生たちは魅力的な人の真似を無意識にしてしまっていたのである。

服装、口ぶり、口癖、習慣など、魅力的な部分は他人に真似されてしまう。だから、自分の真似をされているかどうかは「魅力のバロメータ」になる。生徒や部下に真似されるようになったら、あなたも大物だ。

魅力的な人物は真似されやすい

好きな色はピンク
ショップはここがお気に入り
ヨガに夢中
チワワを飼ってます
羨望 あこがれ 目標
近づくために真似をする
人気モデル
私もピンク～！
チワワ飼おうと思ってたの一！
女子高校生

あなたのことを誰も真似していなければ、
あなたに魅力がないということだ

心理会話

39

会話の〝引き時〟を知ろう

一度拒否されるとその後も拒否される

セールスマンは次から次に商品を売らなければならないから、一人のお客だけにかまけていることはできない。なかなか買う決断を下せないお客は放っておき、脈のありそうなお客の接客に移ったほうが、営業戦略的にずっと効果的だ。

その〝見切り〟のタイミングはどうしたらいいか。じつは、一度「買わない」と決めた人は、その後もずっと買わなくなるという、興味深い実験結果がある。

イスラエルにあるベングリオン大学のオリット・ティコシンスキ博士は、75％オフのセールで買わなかった買い物客を追跡調査したところ、3日後に同様の75％オフセールを見ても買わなかったと報告している。

これを「非行為の慣性」という。つまり、行為をしなかった（セール品を買わなかった）場合、その非行為がその後も続いてしまい、再び同じ状況が訪れても、その行為を起こす（セール品を買う）可能性が低くなるという現象だ。

たとえ一度「買わない」と決断してしまっても、絶好のチャンスが再び到来したら「買う」のが合理的な判断だ。しかし、「買わない」という非行為は、慣性がはたらいて同じ「買わない」選択をしてしまうのだ。

私たちは、一度自分で決めた決断を覆《くつがえ》すことが嫌いだ。なんとなく不愉快になってしまうのである。そのため、一度選択したことに意固地になり、自分自身を一貫させようとする心理がはたらく。

したがって、最初に拒否されたら、それで見限ってしまうのが得策だ。

しつこく何度も説得したところで、どんなにメリットがあるか説明したところで、相手の心は変わらない。もはや自分を守るために意固地になっているからだ。

1度「しない」と決めると2度めはない

1回め
NO
75%
OFF
お客
軽い拒否
どうですか？
店員
2回め
NO
NO
NO
75%
OFF
本当にいいのですか？
強固な拒否
1度断られたら見限ってしまおう

いきなり手のひらを返す人間はいない。逆に拒否の度合いはますます強くなる

心理会話 40

できる自分を口にしろ

公表効果を使いこなす

ときおり、名刺交換の段階から「ちょっと緊張しております」などと余計なことを口にする人がいる。そして本当に緊張してしまうのだ。

これは「公表効果」と呼ばれるもので、**私たちが口にする言葉はそのまま内在化され、自分の意識を変えていくのである。**

ケース・ウェスタン・リザーブ大学のダイアン・タイス博士がおこなった実験によると、人前で「私は感情的で激しやすい人間です」と語らせた被験者は、本当に感情の起伏が激しくなってしまうという。

逆に人前で「私は感情的に落ち着いている人間です」と語らせると、その人の感情は本当に落ち着いていったそうだ。まさに公表効果の力である。

ただ、公表効果はポジティブな方向に応用していくことも可能だ。

あのイチロー選手は中学時代、同級生から「20歳になったらみんなで集まろう」と提案され、「僕はダメだ。そのころはプロで活躍しているから」と真顔で答えて笑われたことがあるそうだ。

このように、自分の夢や目標を声に出して公表してしまうと、あなたの意識は大きく変わっていく。

英会話をモノにするという目標でもいいし、一戸建ての家を建てるという目標でもいい。「実現できなかったら笑われてしまう」などと考えず、どんどん人前で口にしていくことだ。

成功者と呼ばれる人たちは、大ボラ吹きが多い。これは「とにかく思いついた目標を口にする」という公表効果の習慣がついている証拠だ。

間違ってもネガティブな言葉を口にしないよう、注意していただきたい。

公表効果で自分を変える

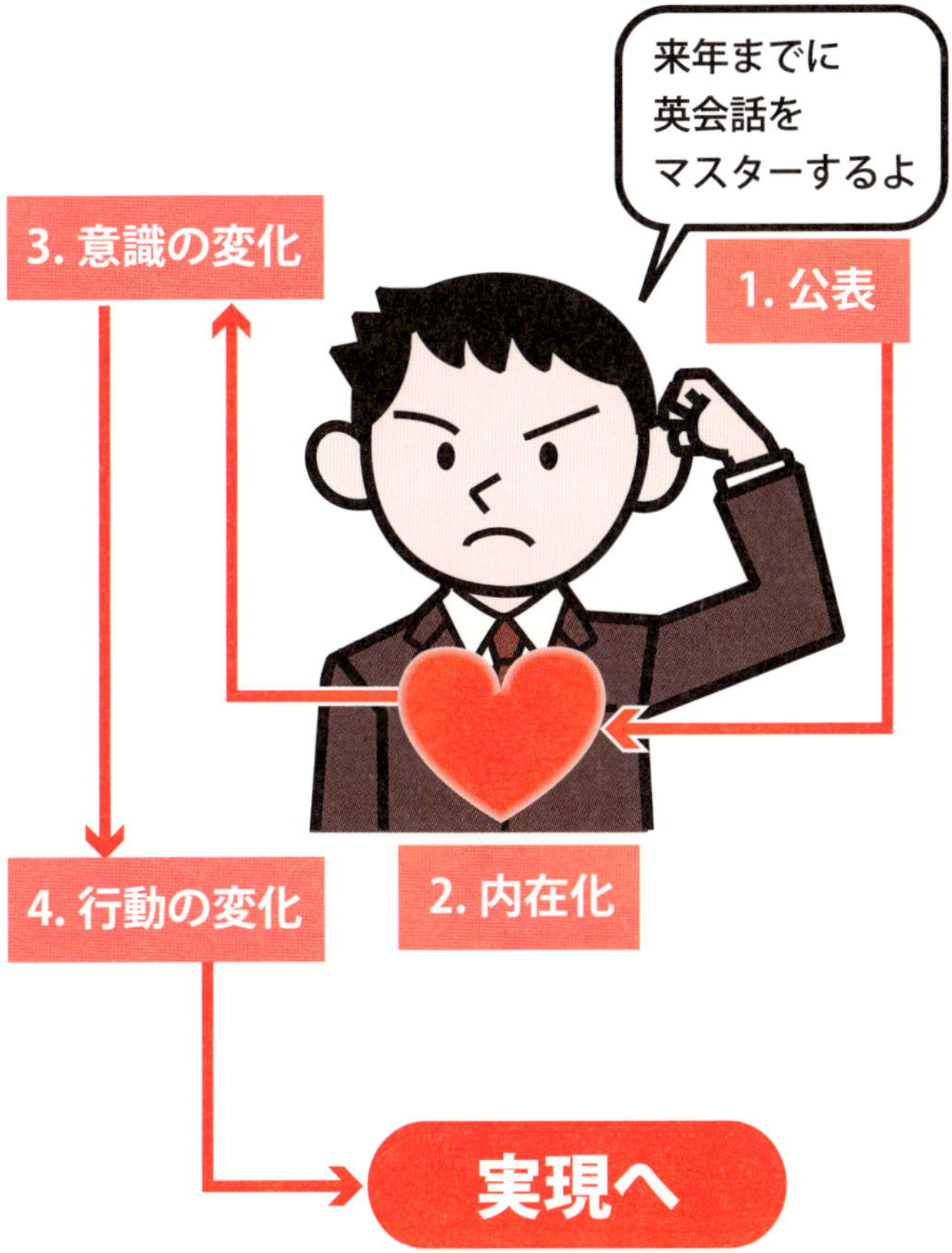
来年までに
英会話を
マスターするよ
1. 公表
2. 内在化
3. 意識の変化
4. 行動の変化
実現へ

一度きりではなく何度もくり返すことで公表効果は高まる

心理会話

41

「また会いたい」と思わせる

別れ際に暗示をかける

コース料理が前菜からスープ、魚、肉、デザートと流れていくように、会話にも守るべき順番というものがある。ひとつデータを紹介しておこう。

テキサス大学の心理学者、リチャード・アーチャーは66人の大学生を対象に、次の実験をおこなった。

学生同士で10分間の会話をさせるのだが、このとき一人の学生がサクラで、「じつは僕の彼女が妊娠したんだ」というプライベートな話題を持ち出す。

そして、この話題を会話の最初に持ち出した場合、相手からの好意度は15・38点だった。一方、会話の最後に持ち出したときの好意度は、17・97点と高くなっていた（35点満点）。

これは当然の結果だろう。いきなり個人的な話題を持ち出されても、どう対処すればいいのかわからない。やはりメインディッシュは後半なのだ。

さて、ここで2つのテクニックを紹介しよう。

ひとつは**「話が盛り上がってきたところで帰る」**というテクニックだ。こうすると相手は「もの足りなさ」を感じる。もっと話したい、また会いたいと思うようになる。メインディッシュを取り上げられるような感覚だ。

もうひとつは、**「別れ際に暗示をかける」**ことだ。

別れ際になって「そういえばオレ、まだ話してないことがあるんだよね」と語る。

当然、相手は「えっ、何?」と興味を示すだろう。そこですかさず、「今度メールでゆっくり話すよ」とか「明日電話するから、そのときにでも話そう」と言ってさっさと別れるのだ。こちらは食後のデザートである。

こうすれば相手の関心を引きつけたまま、次へとつなげることができるだろう。この別れ際の暗示は、かなりの効果があるので試してほしい。

別れ際をドラマチックに

テクニック① 話が盛り上がってきたところで切り上げる

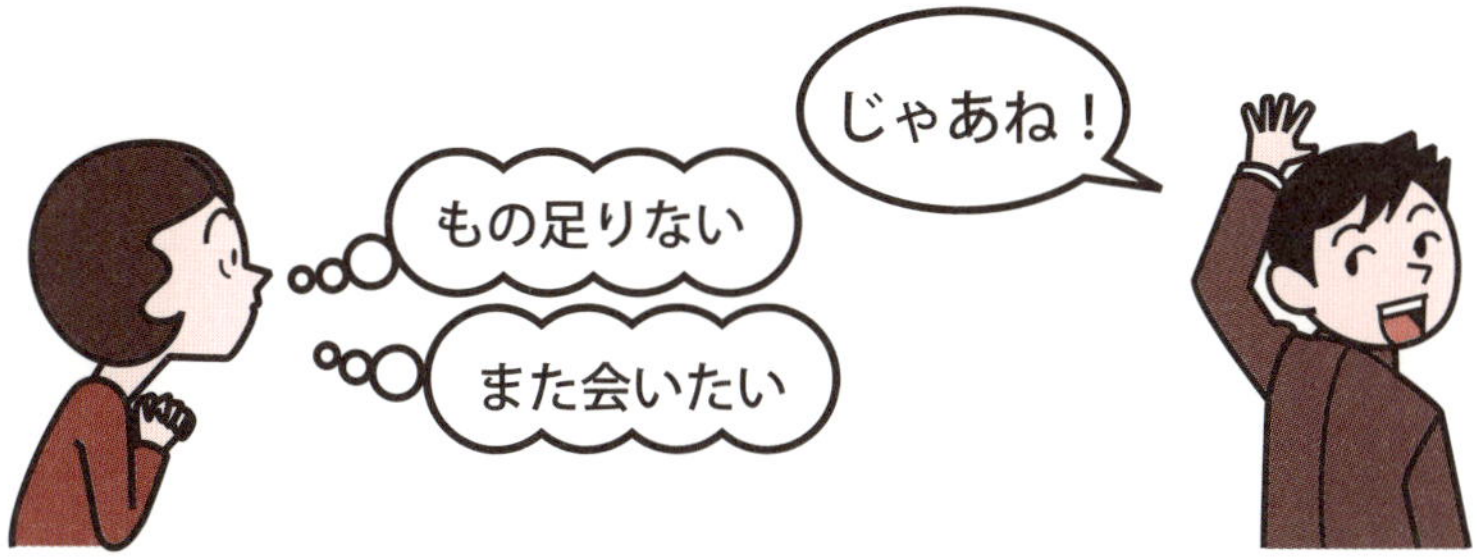
もの足りない
また会いたい
じゃあね！

テクニック② 別れ際に暗示をかける

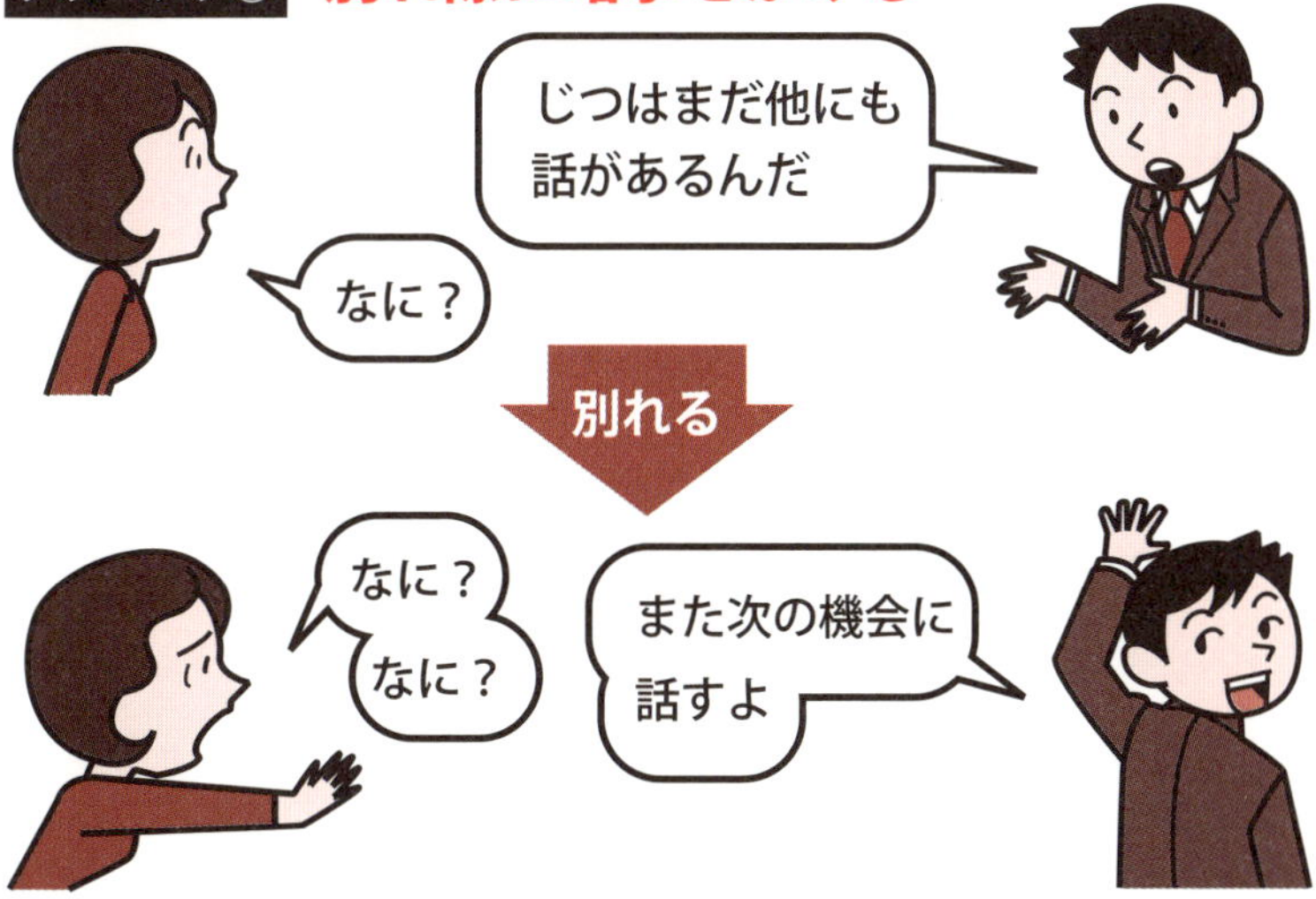
じつはまだ他にも
話があるんだ
なに？
別れる
なに？
なに？
また次の機会に
話すよ

別れ際に“次”に持ち越すことを伝えると、
相手の関心を引きつけられる

心理会話のツボ

前科は消えない

米国ノースキャロライナにあるエロン大学のメレディス・アリソン博士は、339人の大学生に、あるコンビニ強盗犯の警察による取り調べ場面を見せ、コンビニ強盗犯のアリバイ証言を信じるかどうかを調査した。

その際、半分のグループに「この犯人は、以前、違う暴力事件で有罪だった」と伝えると、この強盗犯の証言は多少、信じてもらえた。

しかし、残る半分のグループに「この犯人は、以前、同じコンビニ強盗で有罪だった」と告げると、この強盗犯の証言はあまり信じてもらえなかった。

つまり、同じ犯罪歴（前科）があるだけで、信用されなくなってしまったのだ。

なぜ、同じ犯罪者なのに、信用されるかどうかにここまでの差が出てしまうのか。

それはこういうことだ。人は、たとえ過ちを犯した人物であっても許すことをし、セカンドチャンスを与えることができる。

しかし、同じ過ちをくり返す人物には不信感を抱いてしまい、その人の話に信憑性を感じなくなってしまうものなのだ。

だから、もしあなたの主張がどうしても聞き入れてもらえないときには、あなたの過去を振り返って、あなたに前科前歴がないかどうかを疑って、調べてみるのもいいかもしれない。

心理会話

第6章

質問しだいで相手は動く

ここでは一転して、「受け身」の会話術を解説する。
相手あっての会話では、いつも主張を伝えるだけとは限らない。
ときには相手の主張も聞いてあげなければならない。
そこで、相手に語らせるだけで、相手の話を聞くだけで、
その心をわしづかみにしてみよう。

心理会話

42 巧みな質問で答えを誘導する

質問の仕方で相手を転がす

会話において自分に有利な発言を引き出したければ、相手をうまく誘導することだ。

いきなりこんなことをいわれても、いまいちピンとこないかもしれない。先に実験データを紹介しよう。

シカゴにあるロヨラ大学の心理学者、エドウィン・グロスは175人のシカゴ市民を対象に、次のようなインタビュー実験をおこなった。

あるボールペンを見せ、半数の市民には「このボールペンのどんなところが好きですか?」と質問した。すると36・1%の市民から、好意的な答えが返ってきた。

一方、残りの半数には「このボールペンのどんなところが嫌いですか?」と質問した。このとき、好意的な回答を寄せたのは15・6%にすぎなかった。

つまり、好意的な回答などというものは、質問の仕方によっていくらでも操作できるのだ。

この実験のように、相手の答えを誘導するような質問、その手法を「ワーディング」という。心理学の実験では厳しく戒められている手法である。

たとえば、世論調査で「あなたは内閣に不満がありますか?」といった聞き方をすれば、たいていの人は不満を口にするだろう。そして新聞では「78%が不満」などと見出しをつける。恣意《しい》的な調査結果を出すことなど、じつはたやすいのである。

しかし、このワーディングを逆手に取って、仕事やプライベートで実践すればいいのだ。

たとえば「みんな賛成してるんだけど、この企画どう思う?」と質問すれば、相手はかなりの確率で賛成してくれるだろう。

人を味方につけるには、巧みな質問によってうまく誘導してやることが肝心である。

相手の答えは誘導できる

テクニック1　答えの方向性を決める

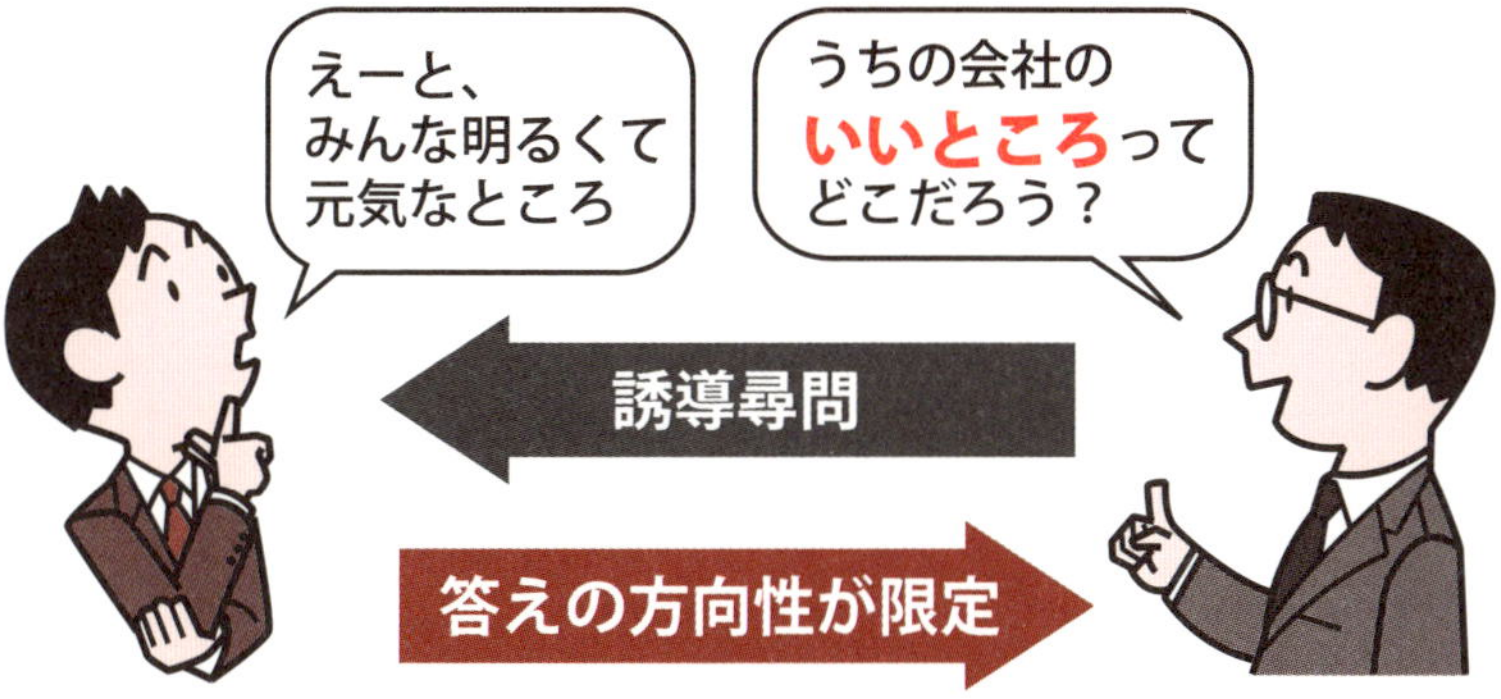
うちの会社の
いいところって
どこだろう？
えーと、
みんな明るくて
元気なところ
誘導尋問
答えの方向性が限定

テクニック2　前提条件を入れる

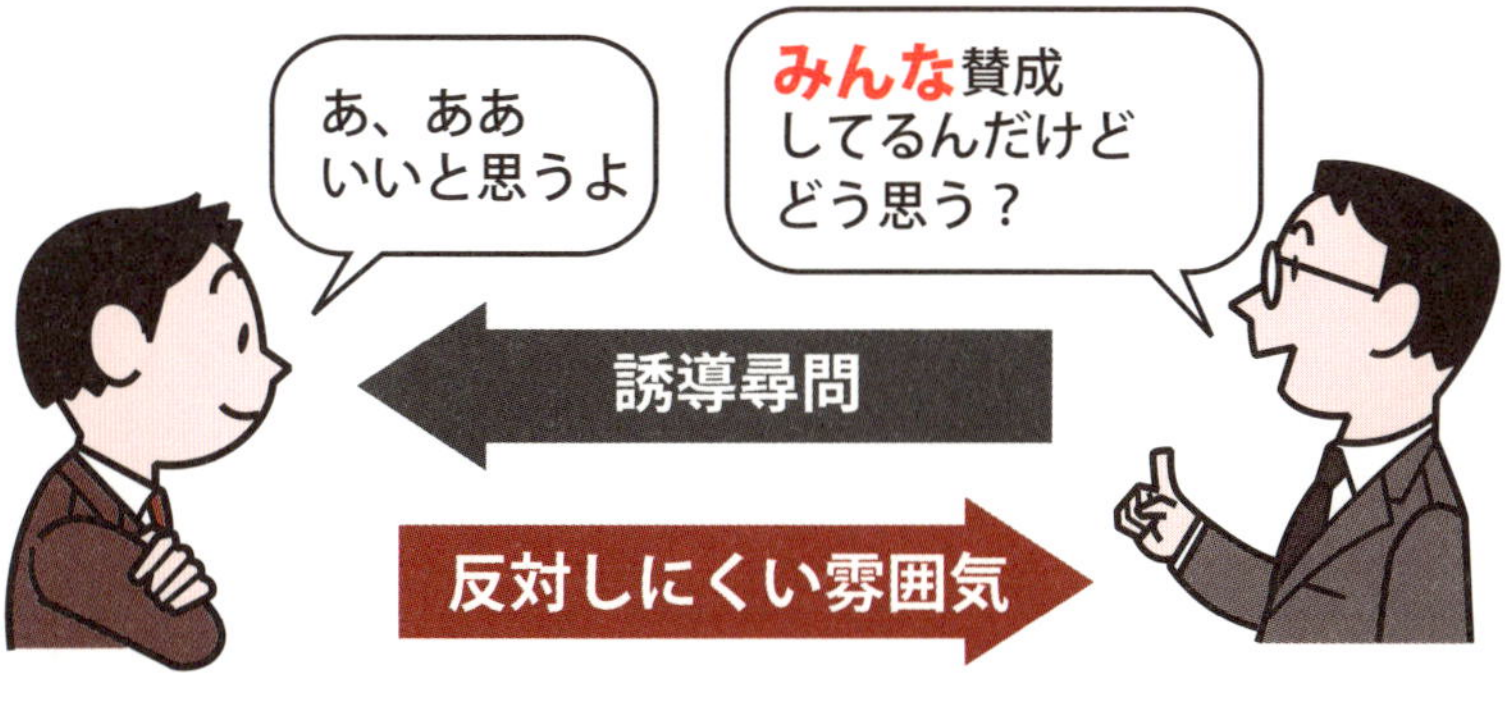
みんな賛成
してるんだけど
どう思う？
あ、ああ
いいと思うよ
誘導尋問
反対しにくい雰囲気

質問しだいで相手の答えのみならず、考え方までも誘導できてしまう

心理会話

43 しつこく質問して譲歩を引き出す

質問は〝武器〟になる

相手の考え方や答えを誘導できてしまうのが「質問」であると前項で述べたように、質問はある種の〝武器〟になりうるほど強力な手段である。

意識しないうちに誘導される質問もあれば、**露骨に質問をくり返すことで相手に不快感を与える**質問もある。

「ねえ、ゆうべはどこ行ってたの？　誰といたの？　ねえ、ねえ、何してたの？」

こんなしつこい質問をされて不快感を覚えない人間はいないだろう。

ユタ州立大学のジョン・セイター博士は、お客のフリをしてトヨタのショールームに出向き、ディーラーにあれこれと質問をしてみる実験をした。

たとえば、「消費者レポートでは卸値がこれこれでしたよね？」とか「原価はこれこれだそうですが、売値はおいくらなんですか？」などと、細かくあれこれと質問したのである。

そうやって質問をくり返してから最終的な価格を販売員に尋ねると、そういった質問をせずにいきなり価格を尋ねた場合に比べて、1000ドル近くも安い価格を提示してくれたという。

つまり、販売員に「しつこいヤツだ」と思わせるだけで、相手の条件はみるみる下がってしまったのだ。

質問をくり返し、しつこくすることで相手に不快感を与え、そこから有利な条件を引き出すという、まったくもって悪魔的な会話術である。

もし、彼氏の浮気が気になって仕方がないような場合や、取り引き先との交渉が暗礁に乗り上げてしまったようなときには、とりあえず質問を重ねてみてはどうだろう。もしかしたら、相手のほうが先に音を上げてしまい、譲歩してくれるかもしれない。

しつこい質問は嫌がられる

質問しない
おいくらですか？
10,000ドルでどうですか？
ディーラー
お客
しつこく質問する
うるさい客だなあ…
卸値がこれこれでしょ？
原価はこのぐらいですね
おいくらまで下げられます？
9,000 ドルで頼みますよ
ディーラー
お客

しつこく質問されてその不快感に耐えられなくなった相手はつい譲歩してしまう

心理会話

44 目には目を、質問には質問を

しつこい質問の撃退方法

前項でも述べたように、しつこい質問ほど不愉快なものはない。だからこそ〝武器〟になるのだが、その対抗策も本書では教えておきたい。

それは、そのまま質問を突き返す「質問返し」である。

「ゆうべは何してたの?」に対しては、「お前は何してた?」と切り返す。

「ねえ、どうして結婚しないの〜?」には、「あなたは、どうして結婚したのですか?」と返す。

こうして質問返しされた相手は、一瞬とまどい、二の句が継げなくなって押し黙るか、あるいは自分がどれほど不快な質問をしたのか自覚して話題を変えるだろう。

米国ミズーリ大学のケノン・シェルドン博士によると、相手が何か不愉快なことをしてきたときには、必ずこちらからもやり返す「しっぺ返し作戦」をとるべきだとしている。それによって相手はおとなしくなってくれるばかりか、協力反応さえ出してくるというのだ。

また、スイス技術研究所のピーター・ルーコポロス博士も同様の実験をしている。

ゲームのなかで相手が裏切ってきたときに、手厳しい罰（710ドルの罰金）を与えた場合は、83・07%がその後の協力反応が得られたが、その罰がもっと穏やかな罰（142ドルの罰金）では42・69%の協力反応に低下し、罰を与えなかった場合には28・28%の協力反応しかなかったのだ。

つまり、**しっぺ返しが大きければ大きいほど、相手からの協力・譲歩が引き出せる**というわけだ。

これからは、相手の言葉に悪意を感じたら、おとなしく聞き入れるのではなく、逆に相手を質問返しでやり込めてやろう。泣き寝入りをやめることで、もう二度と不快な目にあうこともなくなるだろう。

悪意ある発言の撃退方法

質問返しの術
おいくつですか？
カチン
おいくつですか？
恋人はいるの？
恋人いるんですか？
結婚しないの？
結婚しないんですか？
ご、ごめん
ぶしつけな質問して…
罪悪感
スッキリ
協力・譲歩

失礼な質問をされたら、そのまま質問を返すことで、相手に罪悪感を感じさせることができる

心理会話

45 「NO」とは言わず質問する

穏やかな断り方

取り引き先との商談で、「こんな条件はとてものめたものじゃない！」と面と向かって言ってしまったら、相手先との関係は微妙なものになってしまうというもの。

ここは穏便に、波風立てずにすませたいが、どうすればこちらの「NO」の意図を伝えられるだろうか。

マイク・スターク著の『The power of negotiating』によると、一番いいのは**質問することによって、あなたが反対していることを相手に気づいてもらう**方法だと説いている。

賛成しかねる、不本意だ、要するに反対だから考え直してほしい。そんなときには、「質問」の形で言葉にしてみればいい。

たとえば、「こんな条件では話にならない」と思ったら、「この条件ですと、相場とずいぶんかけ離れているようですが？」と、とりあえず質問してみるのだ。

「どうしてそのように思うのですか？」

「もしこちらがお申し出をお断りしたら、どうなさるおつもりですか？」

「他社さんからは違ったオファーをいただいていますが、ご興味はおありですか？」

このように尋ねれば、相手の反発を買うことなく、冷静に再考を促すことができるだろうし、もしかしたら、まだ説明されていない事実があるかもしれない場合、あなたの早とちりを防止することにもなる。

「NO」とはっきりと主張することは大事だ。とくに日本人が海外に出てビジネスする場合、白黒はっきりさせた態度は欠かせない。

ただ、断ることによって相手との関係がこじれてしまう恐れがある場合には、この「質問」の形をとる方法が重宝するだろう。

「NO」はいくらでも言い換えられる

× 「こんな企画は二番煎じだ」

↓

○ 「前にも見た記憶がある企画ですが？」

× 「お前なんか採用するものか！」

↓

○ 「採用されなかったらどうしますか？」

× 「残業なんかしませんから！」

↓

○ 「私が残業しないと困るんですか？」

× 「お前なんか嫌いだ！」

↓

○ 「お前のこと、好きだと思う？」

ストレートな表現は相手を傷つけてしまうが、質問形にすればそれを避けることができる

心理会話

46 疑問文で説得する

押し付けがましさは嫌われる

ここまで述べてきたように、「質問」には相手に気づかれることなく、心を操ることができる魔力が宿ることがわかっただろう。

強く主張するものでも、要求を突きつけるものでもない。ただ、相手に質問を投げかけるだけで、再考を促し、譲歩を引き出してしまう威力があるのだ。

ただし、もっとエレガントに相手を説得してしまう方法もあるので、ここで紹介しておこう。

米国ミズーリ大学のリチャード・ペティ博士は、学生たちに「大学生には、もっと多くの勉強を必要とする試験をやらせるべきだ」という主張の文章を読ませた。もちろん学生たちは、そんな大変な試験など受けたくないし、勉強もしたくない。

博士はその際、2種類の文章を用意した。

「もっと試験を受けさせたほうが学生のためだ」と普通の主張をした文章と、「彼ら自身のためになるのではないか？」と疑問文を多用した文章だ。

すると、疑問文を多用した文章により多くの学生が共感をし、心を動かされていたことがわかった。

断定的な表現は主張を押し付けられているように脅迫的なものを感じるが、**同じ内容でも疑問文の形にするだけで、そんな押し付けがましさは感じられず、自分に選択権があるように感じてしまい、すんなりとその主張に耳を傾けてしまう**のである。

あなたの夫が月のお小遣いを3万円から5万円に引き上げてくれと頼んできたら、「この状況で小遣いを上げろだなんて、どう考えてもありえないでしょ！」と切り捨てるのではなく、「お小遣いが必要なのはわかるけど、それが家計のためになるのかしら？」と疑問を呈すれば、彼もわかってくれるというものである。

疑問文なら穏やかに説得できる

断定文「○○が正しいに決まってるだろ！」

↓

疑問文「○○のほうが正しいんじゃないか？」

断定文「ちゃんと話し合えよ！」

↓

疑問文「話し合ったほうがいいんじゃないか？」

断定文「残業ぐらいしろよ！」

↓

疑問文「残業ぐらいしたほうが身のためでは？」

断定文「中国の軍備増強は止めなければ！」

↓

疑問文「中国の軍備増強は止めたほうがいいのでは？」

疑問文の形で提示されると、あくまでも自分に決定権があるように感じる

心理会話

47 黙って聞くことの威力

「聞く」だけで好感度アップ！

受け身の会話術の筆頭にあげられるのが、「聞く技術」である。この威力をばかにしてはいけない。

「聞く技術」といえば、心理カウンセラーが典型的だ。カウンセラーの仕事は、基本的に「聞くこと」である。乱暴な言い方をすれば、ただ話を聞くだけでお金をもらえるのが、カウンセラーなのだ。

マサチューセッツ州にあるウェルズリー・カレッジの心理学者クリス・クラインケは、カウンセラーがクライアントと話している様子をビデオで撮影した。

このとき、会話全体のうち33％を自分が話すカウンセラー、50％を自分が話すカウンセラー、67％を自分が話すカウンセラーと、３つの会話パターンに分け、それぞれの好意度を第三者に判定してもらった。

その結果、最も好意度が高かったのは33％しか話さないカウンセラーだったのである。

実際の話、優秀なカウンセラーほど余計な口は挟まない。そして、彼らに話を聞いてもらうと、まるで母親に抱かれた赤ん坊のような気分になってしまうものだ。

私たちがカウンセラーのように聞けない理由は簡単だ。人の悩みや相談を聞いていると、ついアドバイスしたくなってしまうからである。

そこでやってもらいたいのが、相手の発言後、３秒間待つという「３秒ルール」だ。

相手が何か発言したら「うん」とか「そうか」とうなずき、３秒間待つ。そうすると、たいていは相手が「それでね……」と話を続けるはずだ。

ここで間を空けずに自分の意見を入れようとするから、会話がかみ合わず、聞き上手になれない。

間を恐れる必要はない。相談ごとを持ちかけられたら、「３秒ルール」で聞き役に徹してみよう。

聞き上手なカウンセラーほど好かれた

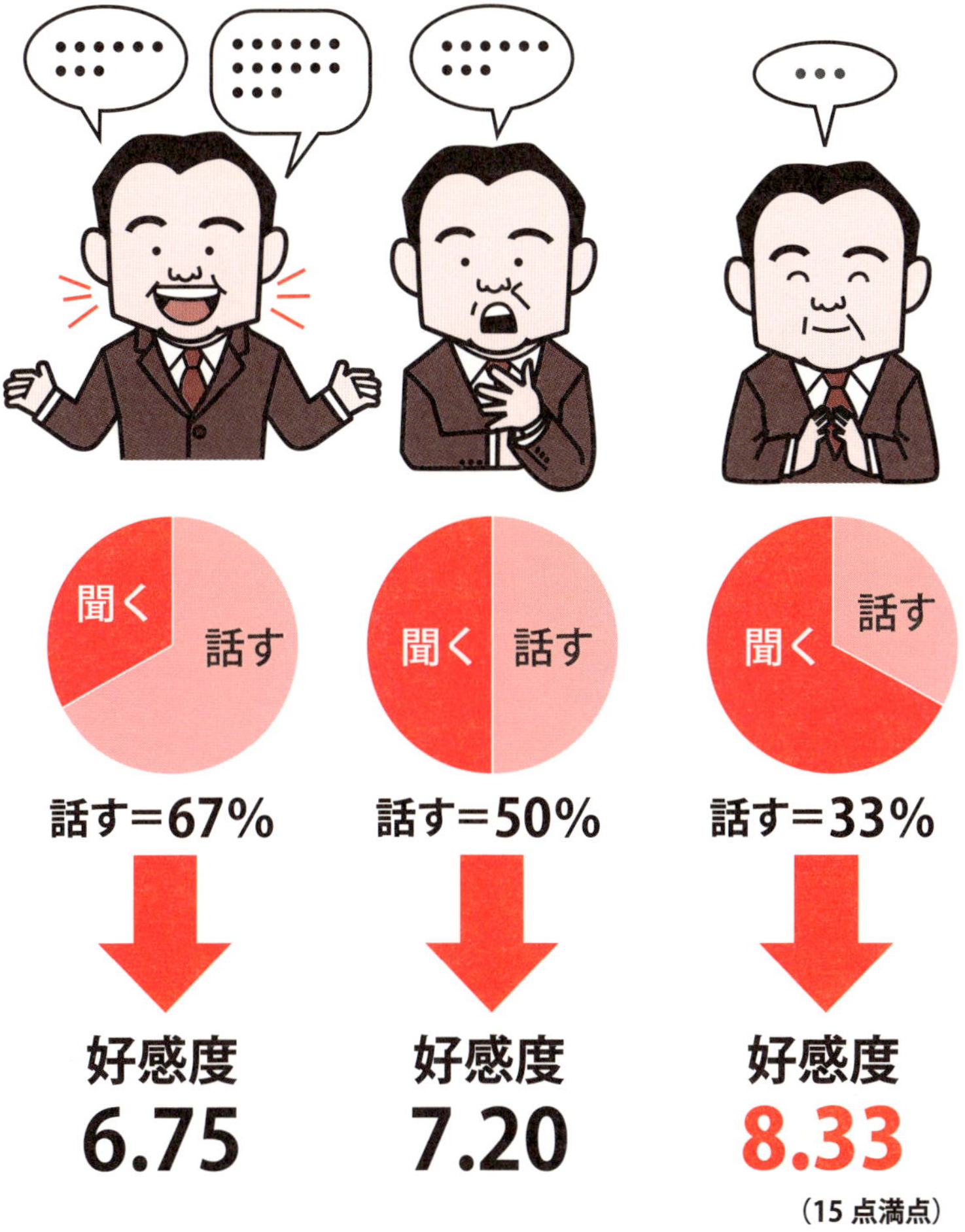
聞く
話す
話す=67%
好感度
6.75
聞く
話す
話す=50%
好感度
7.20
話す
聞く
話す=33%
好感度
8.33
（15点満点）

カウンセラーは口数が多いと嫌われる。話すことより聞くことが仕事なのだ

心理会話

48

聞き上手から「聴き上手」へ

黙って聞くだけでは不十分

会話上手は聞き上手、という言葉はよく耳にするものだ。ただ残念なことに、ほとんどのビジネス書や話し方の本では、それ以上のアドバイスはくれない。

まず、会話のなかで「聞くこと」は、ただ「黙っていること」ではない。

聞くというのは、黙って受け身になる行為ではなく、能動的に自分から動いていく行為なのである。

相手に話題を振り、そこから相手の話題を聞き出し、肯定的な相づちを打ち、「それから？」「すごいなあ」「それで部長はなんだって？」と興味を示し、どんどん相手を乗せていく。

こうした能動的な聞き方のことを、専門的には「アクティブ・リスニング」という。まさにインタビュアーとなって話を聞き出していくのである。

これができるようになると、相手はあなたの手のひらの上に乗ったも同然だし、周囲からの評価も急上昇するはずだ。

インド工科大学のV・N・ギリは、400人以上の男女を対象に、コミュニケーション能力と質問力の関係について調査した。

その結果、**コミュニケーションが上手な人ほど、会話中に質問する数が多い**ことがわかった。

また、質問力のある人ほど、自分に自信をもち、プライドが高いことがわかった。もちろん、ここでの自信は、そのままコミュニケーション能力の向上にもつながるのである。

受け身になって話を「聞く」だけでは、会話の名手とはいえない。攻めの姿勢で「聴く」会話ができるようになってこそ、名手といえるのだ。「会話上手は聞き上手」という言葉を取り違えないようにしよう。

アクティブ・リスニングの方法

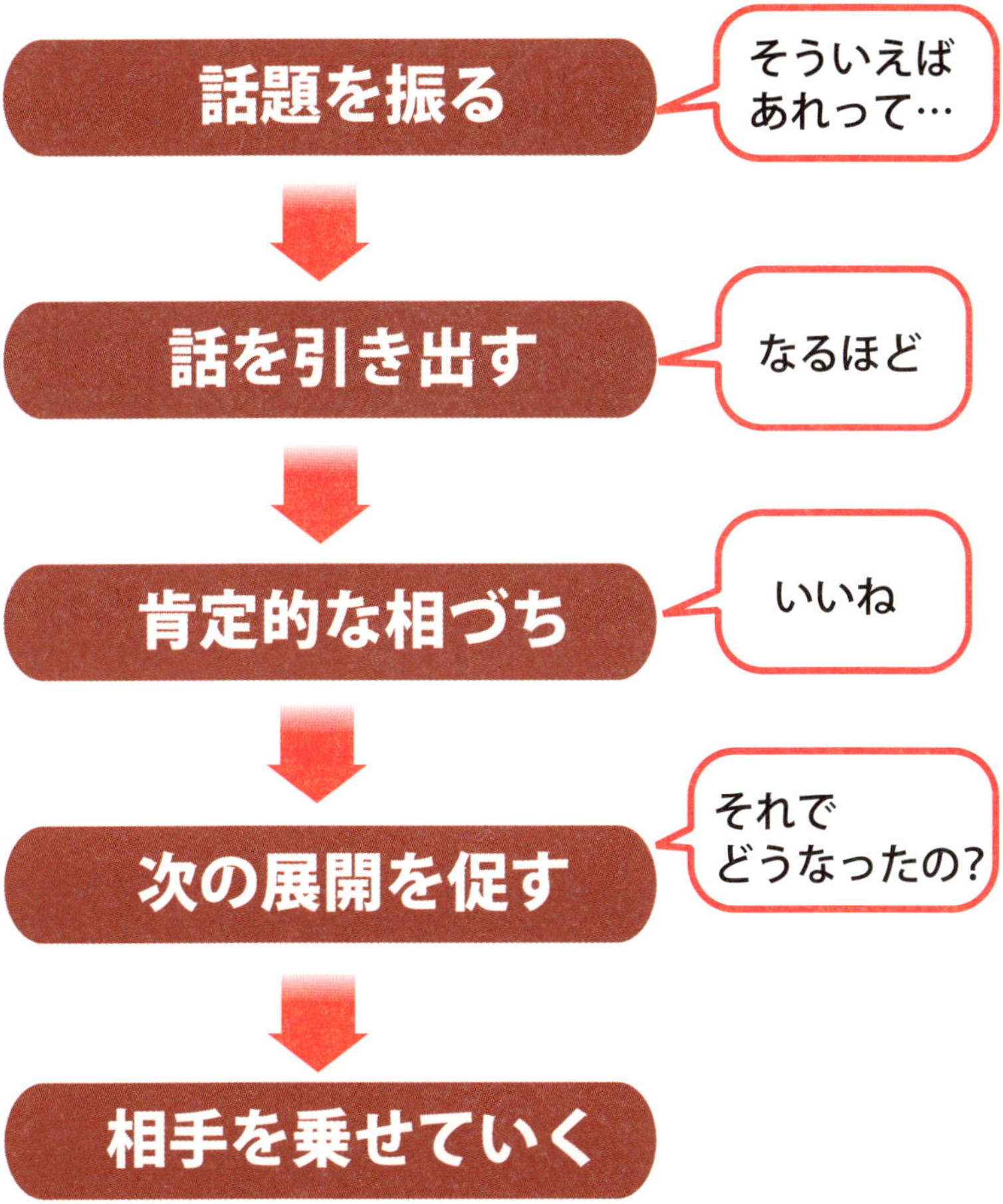
話題を振る
そういえば
あれって…
話を引き出す
なるほど
肯定的な相づち
いいね
次の展開を促す
それで
どうなったの?
相手を乗せていく

話は受け身になって聞くものではなく、積極的に聞き出していくもの

心理会話のツボ

対面コミュニケーションの重要性

インターネットのおかげで、人と直接会って話すことが少なくなったと感じている人は多いだろう。

ちょっとした用件なら携帯からメールを送っておいたほうが、相手の都合を考えずにすむし、何よりも思い立ったときに用件をすませられるので忘れることがない。

おまけに履歴が残るので、電話で会話するよりもかえって確実なコミュニケーション手段といえるだろう。

そんなこんなで、人に会う機会はめっきり減っている。あなたの場合、1日の勤務時間のなかで対面での直接的コミュニケーションは、いったいどのくらいの割合になっていると思うだろう?

そんな質問を、米国ベル研究所のクレマー研究員が3000人以上の技術系・管理職系ビジネスマンにした。

すると彼らの回答は、平均20%であった。

しかし、実際に1日の勤務時間内のコミュニケーションの割合を計ったところ、対面コミュニケーションは35%にも上っていた。

その後に「書く」が14%と続き、「読む」が12%、「電話」が7%であった。

自分で思っている以上に、人と直接会っていたことになる。時代が変わっても、相変わらず人と会うことが重要視されているのだ。

心理会話

第7章

話術プラスαも忘れるな

会話には、やはり「言葉」以外の要素も影響を与える。
いわゆるボディランゲージは、言葉以上にメッセージ力がある。
あなたの声質、音量、表情、目つき。
それらの要素がどれほどの影響力をもつのか、
ここでしっかりと押さえておこう。

心理会話

49 性格は会話のスタイルに出る

会話にイライラは禁物

言葉ひとつで、話し方ひとつで、相手の心はどのようにでも動かせると説いているのが本書である。しかし、やはり人間は、その言葉を発する人の雰囲気や感情を感じ取り、それにも影響を受けてしまう。

大企業の社長さんが「この話は私が請け合いますよ」と太鼓判を押してくれても、貧乏揺すりしている社長さんではいまいち安心できない。

いくらモデル顔負けの美人とのおしゃべりでも、彼女がネガティブな話ばかりしていては全然楽しくなれない。それが会話というものだ。

カナダのクイーンズ大学キャリル・マクウェン博士が200組の夫婦を対象に、どんなコミュニケーションのスタイルをとっているか調査した報告がある。

神経質で、競争心が強く、イライラ、せかせかしている夫婦の性格をA群。

おっとりと、のんびりしていて、イライラしない夫婦の性格をB群に分けて、この2つを分析した。

すると、A群の夫婦ほど、否定的なコミュニケーションを取り合い、結婚生活に不満で、離婚願望が強いことがわかった。

つまり、**性格そのものが、コミュニケーションのスタイルにまで影響を与えてしまっていた**のだ。

否定的なコミュニケーションは決して会話上手とはいえず、人間関係をぎくしゃくさせる。しかし、これは逆に、性格を改善すれば、自然とコミュニケーションもポジティブなものになり、人間関係を良好にすることができるともいえる。

したがって、どうせ会話をするなら、心理的な余裕をもって、せかせかしない会話を心がけよう。それだけで、あなたの印象はぐっとよくなるはずだ。

性格が会話のスタイルを変える

性格A群

神経質、競争心が強い、せかせかしている

↓

ネガティブなコミュニケーション

↓

結婚生活に不満（険悪な人間関係）

性格B群

おっとり、のんびりしている、イライラしない

↓

ポジティブなコミュニケーション

↓

結婚生活に満足（良好な人間関係）

性格を変えることでポジティブなコミュニケーションを築くことが可能

心理会話

50 感情を表に出そう

外見よりも中身で勝負

会話のスキルをいろいろ磨いたって、しょせん人は外見で判断するもんだ。話し方で外見を凌駕《りょうが》することなんて考えられない。それが現実なんだということを、自分は身をもって知っている！

こんなふうに思っている読者はいないだろうか。

確かに、人の第一印象は外見的な魅力に大きく左右される。情報が少なければ少ないだけ、視覚から入る情報が重視されるからだ。有名な「メラビアンの法則」によると、コミュニケーションで「言葉」が占める割合はたったの7％だという。

しかし、筆者の考え方はまったく違う。少ない情報のなかでも言葉の情報は、外見などの視覚的なものよりも優位に立つものなのだと考える。

その証拠となる実験データがある。カリフォルニア大学リバーサイド校のハワード・フリードマン博士は、男23人、女31人の大学生に自己紹介ビデオを撮影させ、それを別の学生30人に見せて評価を聞いた。

すると、「身体的に魅力だ」という印象の学生よりも、「感情を伝える能力が高い」という印象の学生のほうが、約4倍も「好ましい」という評価を受けていた。

極端な言い方をすれば、モデル並みに魅力的な外見をしていても、それだけではダメなのだ。たとえ外見的な魅力はなくても、自分の感情をうまく表現して伝えられるほうが4倍も好かれるということだ。

感情の表現とは「うれしい」「悲しい」などの表現をよくしていて、表情が豊かだったということ。逆に感情がわからない話し方はうまく伝わらないと評価された。

初対面のときには、言葉を使ってくどくど説明する必要はない。とにかく、**あなたの気持ちや感情を表せば、あなたは相手に好印象を与えられる**のである。

「何を感じているか」を人は感じる

すまし顔
べつに…
感情表現なし
感情・性格がわからない
ふ〜ん
外見が魅力的
ケラケラ
感情表現豊富
性格までわかった気になる
楽しい！
おもしろ〜い!
外見は普通
好きだ！

「楽しい」「幸せだ」「おいしい」「怖い」などの感情語を使うだけで、あなたの気持ちが伝わる

心理会話

51

目を見つめる効果

話し終わっても余韻を残そう

他人の目をジロジロ見ることを失礼なこととして避ける文化が、日本だけでなく東洋の国々にはある。

しかし、家庭や学校教育においては「ちゃんと相手の目を見て話しなさい」と指導されているので、ジロジロ見ることなく目を見つめるという至難《しなん》の業《わざ》を日本人は要求されている。

実際、西洋人のように目をそらさずに見つめ続けながら話そうとするのは難しい。きまって、気詰まりや息苦しさを感じた一方の人が目をそらしてしまうことが多いのではないだろうか。

心理学的には、人と話すときに目を見つめることは基本的なルールとなる。なぜかといえば、**相手の目を見つめながら話したほうが、相手の好意を得ることができる**からだ。

米国オハイオ州立大学のマイケル・ラクロッセ博士の実験によると、会話時間中の80％で相手の目を見つめていると、40％しか目を合わせなかったときに比べ、相手に感じさせる魅力が2倍も高まったそうだ。

恥ずかしがらずに、堂々と相手の顔を見つめよう。ただ見つめるだけでは怒っていると勘違いされる恐れもあるため、できたら微笑みながら見つめたいものだ。

そして、会話が終わっても、数秒は相手の顔を見つめ続けよう。話が終わったところでプイッと顔をそむけてしまうのはいただけない。たとえ会話がいったん切れたとしても、それでも相手の顔を数秒間、見つめ続けて余韻を残すぐらいが好感をもたれる。

もちろん、話している相手の目を見ないのは絶対にNGだ。そんな人は、なんとなく信用できないし、腹に一物もっていると勘ぐられてしまうだけだ。

やはり、話す相手の目は見つめるのが無難なのだ。

話す相手の目を見つめよう

目を見ない
NG
視線
信用できないわ
真顔で見つめる
NG
視線
ジーーーー
怒ってる？
何か魂胆がある？
適度に見つめる＋ニッコリ
OK
ニッコリ
視線
うん、うん

話し終わった後も数秒見つめ続けると余韻が残る

心理会話
52 微笑むときは大きく

ハリウッドスターを見習おう

あなたはフェイスブックをやっているだろうか。知らない人のために説明すると、世界最大の交流サイト（ソーシャル・ネットワーキング・サービス）で、世界中に友だちを作ってコミュニケーションが図れるインターネットのサービスである。

筆者も興味があって、ちょっとのぞき見したことがある。そこには、世界中の人々の膨大な数の写真と、そして膨大な数の笑顔があった。

諸外国の人々の写真に対する熱意はすごいものがある。思いっきり白い歯を見せて、思いっきり大きな笑顔をしている自慢の1枚を、プロフィール写真にしている。それはまるで、レッドカーペットの上を歩くハリウッドスターたちのように完璧なまでの笑顔である。

ただの顔写真に、どうしてここまで意気込むのだろうか。どうしてここまで大きな笑顔なのだろうか。

ワシントン大学のキャシー・テッド博士は、23歳の女子学生をウエイトレスに仕立て上げ、カクテルラウンジで接客させるという実験を試みた。

そして博士は、男女の客48人ずつを相手に、大きく微笑む場合と、小さく微笑む場合とで、もらえるチップにどれくらいの差が出るのかを調べた。

その結果、大きく微笑んだほうが2倍以上もチップを多くもらえたことがわかった（左図参照）。

そうなのだ。**笑顔は大きな笑顔であるほど魅力的**なのだ。大きすぎるからといって、笑顔に拒否反応をみせる人などいないのである。

遠慮した小さな笑顔は、控えめで好印象を抱かれることもあるが、誤解されることもあるだろう。

どうせ笑顔を作るなら、遠慮はいらない。口角《こうかく》を思いきり上げて、歯を見せて、大きく微笑むことだ。

小さな笑顔より大きな笑顔

大きな笑顔

小さな笑顔

大きな笑顔		小さな笑顔
男性客からのチップ		男性客からのチップ
14.15ドル	← 3倍	4.75ドル
女性客からのチップ		女性客からのチップ
9.05ドル	← 2倍	4.65ドル

笑顔を大きくするか、小さくするかの違いに、労力はそれほど変わらない

心理会話

53 弱々しい話し方をするな！

弱々しい言葉遣いとは？

誰だって、人と会話をしているなかで、なんとなく「この人は気が小さいんだろうな」「この人は内気なんだな」と気づくことがあるだろう。

しかし、実際にどのような話し方が「弱々しい」という評価につながるのか、なかなか意識することは難しいものだ。

そこで、こんな実験データを紹介しよう。南フロリダ大学の心理学者、クリスティン・ルーヴァの報告だ。

この実験では276人の学生を集め、強盗殺人事件の裁判記録を読ませた。そして実験者によって手が加えられた目撃証言を読ませ、その証言にどれくらいの信憑性があるかを答えさせたのである。

このとき、あるグループに見せた目撃証言は「弱々しい言葉遣い」だった。

具体的には、「う〜ん」や「その〜」などの言い淀みがあるようにしたのだ。そして「赤色のような」など、断定をしなかった。また「私が見たのは、……いや、聞いたのは」や「私が、いや彼が」など、冒頭でしくじっている証言文だ。このような言い回しは、あなたにも心当たりがないだろうか。

実験の結果としては、何も手を加えなかった証言文の信憑性が50・37点だったのに対し、弱々しい口調に書き換えた証言文の信憑性は45・03点と低い評価になった（168点満点）。

弱々しい口調は、ただ悪い印象を与えるだけでなく、その人の信用度まで引き下げてしまったのである。

もちろん、これとは逆に、強い言葉で力強く断定すれば、それだけ信憑性や説得力が増すことになる。

ほんのちょっとした言葉遣いで、印象は大きく変わるのだ。

弱々しい言葉遣いに注意しろ

代表的な弱々しい言葉遣い

僕が……いや
彼が歩いてきて
赤っぽい服
というか
オレンジ色
みたいな？
う～んと
その～ですね
え～

冒頭でしくじる　あいまい　言い淀み

弱々しい言葉遣いをしていると発言の信用性まで疑われてしまう。力強い言葉で断定するクセをつけよう

心理会話

54 色を使って説得する

リスクを伝えるには赤色

あなたが街中でトイレを探そうと思ったら、どんな標識を探すだろう。たぶん、男性と女性の身体のシルエットを簡略化した標識だろう。男性が青く、女性が赤く色付けされているピクトグラムだ（左図参照）。

また、交通標識の「落石注意！」「急勾配に注意！」「熊出現！」などと警告を発する標識には、黄色と黒の2色が使われている。踏切のバーもそうだ。

同様に、「駐車禁止」や「進入禁止」、あるいは「禁煙」などと制限が加えられていることを示すときには、圧倒的に赤色が使われている。

このように、色にはある種のメッセージが内包されていることが多い。

フロリダ州立大学のマリー・ゲレンド博士は、性感染症予防のためのワクチン接種をすすめる冊子を作成し、134人の男子学生に読ませた。

そのとき、「ワクチンの利点」を訴えるポジティブな文章と、「ワクチンを接種しない場合の危険性」を訴えるネガティブな文章の、2種類の冊子を作った。

そして両者ともに、ワクチンの写真を赤色の枠か、灰色の枠で囲っておいた。

すると、ポジティブな冊子では受け取るイメージが何色でも変わらなかったのに対し、ネガティブな冊子では、灰色よりも赤色を使った冊子のほうに、学生たちの危機意識が高まった（左図参照）。

つまり、こういうことだ。

言葉だけでは思うようにメッセージが伝えられないときでも、色を使って説得すると効果が上がるのだ。

交通標識の例でみたように、色には、私たちが共有しているイメージが内包されている。そこから外れなければ、たいていの色はあなたの意図を伝えてくれるだろう。

色を駆使すれば必ず伝わる

トイレのピクトグラム

性感染症予防のためのパンフレット

接種したいかどうかを調査	写真の枠色	
	灰色	赤色
ポジティブ 「ワクチンの利点」を訴える	3.86	3.62
	↓ 変化なし	↓ 20%以上アップ
ネガティブ 「ワクチンを接種しない危険性」を訴える	3.67	**4.41**

（6点満点）

「言葉」で足りなければ「色」を使って説得しよう

心理会話のツボ

テクニックは組み合わせが効果的

ここまで数々の心理会話のテクニックを紹介してきたが、それらは単独で使うのではなく、複合的に駆使したほうがより効果が上がる。

ベルギーのブリュッセル大学カリン・プルースト博士は、複数のテクニックを使うほど、相手に与える効果が大きいという。

博士は160人の学生に、自分が人事担当者になったつもりで応募者のビデオを見てもらい、彼らのコミュニケーションスキルや分析能力など12の資質を評価させた。

その際、ビデオの応募者は、自分をよく見せるテクニックをいくつか使っていた。そして、4つのカテゴリーに分けて分析した。

①何もテクニックを使わない
②ご機嫌取りをする
③自己宣伝をする
④ご機嫌取り&自己宣伝をする

すると、①よりも②が、②よりも③が、③よりも④のほうが、資質を高く評価される結果となった。

つまり、テクニックをいくつも組み合わせるほうが全体的な評価が高くなったのだ。

人の心理は蜃気楼のように、はかなく移ろいやすいものだ。こちらも臨機応変に対処すべく、複数のテクニックを用意しておこうではないか。

心理会話

第8章

口ベタでも会話力を上げる秘訣

私は口ベタだから、思いどおりの話し方ができない。
自分は口ベタだから、会話テクニックなんか使えない。
こんな心配はもう不要だ。
どんな口ベタな人でも、どんなシャイな人でも、
いますぐ変われる秘訣を伝授しよう。

心理会話

55 ペットは会話の媒介者

口ベタな人は「猫の手」も借りろ

このところ、医療や介護の現場で「アニマル・セラピー」という言葉が浸透しつつある。イヌやネコなどと触れ合うことで癒し効果を得るというもので、なかにはイルカと泳ぐドルフィン・セラピーといったものもある。

しかし、じつはペットが人間に与えるのは癒し効果だけではない。ペットを飼うことによって、コミュニケーションが促進されるというデータがあるのだ。

ニューヨーク大学薬学部のジェームズ・ブラシックは、過去に発表されたペット関連の論文（ペットと健康に関する論文）を調べ上げ、そのデータをまとめた。

すると、ペットを飼うことによって、「血圧が下がる」「慢性病がよくなる」そして「家族間のコミュニケーションが促進される」という効果が認められた。

健康にいいだけでなく、家庭内でのコミュニケーションが促進されるのだ。

というのも、ペットはここで家族同士のコミュニケーションを引き出す「媒介者」となるのである。会話もコミュニケーションも、基本は家族単位。会話が足りないと思う家庭では、ぜひペットを検討してもらいたい。

たとえば、夫婦仲が悪くなってきたな、と思ったら、ペットを介在させるといいかもしれない。子どもたちが成人するととたんに家の中から会話がなくなるものだ。そのときペットがいれば、子どもの代わりに会話のきっかけを作ってくれるだろう。

また、どうも会話が苦手で、人に話しかけることができないと悩んでいる人もいるだろう。そんな人はペットを口実にして話の端緒をつかんでほしい。

「おや、かわいい子だねえ。お名前は？」

こうペットに話しかけるだけで、きっと飼い主との会話が始まることだろう。

ペットを媒介者にして会話する

アイコって
いうんですよ
かわいいワンちゃん
ですね～
お名前は？
媒介者

間にペットという媒介者を入れるだけで、
人間同士の会話がスムーズになる

心理会話

56 判断される前に会話する

交渉前にどれだけ会話できるかが勝負

会話に苦手意識をもってしまい、会話の輪の中に入っていくことを躊躇《ちゅうちょ》していると、ますます輪の外にとどまってしまうもの。

最悪なのは、あなたと話すことによってどんな人物なのか把握できたわけでもないのに、あなたというキャラクターが勝手に作り上げられていくことだ。

会話しなければしないほど、間違ったイメージを抱かれてしまう。ということは、反対に、話せば話すほど、本当のあなたが伝わるということだ。**相手が勝手なイメージを作り上げる前に、できるだけ会話して判断材料を与えることが肝心だ。**

南フロリダ大学のノーマン・ヴォゼム博士は、48名ずつの男女に「囚人のジレンマ」ゲーム（ゲームの仕組みは23ページの図を参照）を100回やってもらった。

その際、パートナーとの会話を「いっさいなし」から「毎回会話する」まで4段階に分け、それぞれの協力反応をみた。すると、会話が多ければ多いほど、協力関係が高くなることがわかった（左図参照）。

会話することで仲間意識が芽生え、自分の味方として認識するようになり、それゆえ協力反応を起こしたことがわかるだろう。

逆に、会話がないと協力しなくなる。つまり、相手を敵とみなしてしまうのだ。これを見過ごしてはならない。

手強い相手と何か交渉しなければならないとき、苦手意識から会話を避けて「とっとと話をまとめよう」などと先を急いでは、相手から譲歩を引き出すことなど到底できない。

しかし、世間話でもして友好的な雰囲気を作ってから交渉に入れば、相手の警戒心は緩くなるというもの。

判断される前に会話することが、とても重要だ。

会話は判断の材料になる

「囚人のジレンマ」ゲームを100回おこなう

少ない ← 会話 → 多い

コミュニケーションの度合い	協力反応
いっさい会話なし	8.9%
ゲーム前に1回会話する	15.1%
10回ゲームするたびに会話する	17.3%
毎回会話する	**36.3%**

低い ← 協力関係 → 高い

会話が多い ➡ 情報が入る ➡ 協力し合う

おしゃべりをするほど、相手への警戒心がなくなり、味方とみなすようになった

心理会話

57

衝突することを恐れるな

人とのぶつかり合いが成長させる

先に調査報告を紹介しよう。

カリフォルニア州立大学のドナ・シモンズ博士は、51人の大学生を対象にして、他者と議論する主張性の強さと、コミュニケーション能力の相関関係を調べた。

その結果、議論好きな人や他者と議論することをいとわない人にはコミュニケーション不安がなく、他者と議論したがらない人には、コミュニケーション不安の傾向がみられた。

つまり、**人間は他者と議論することを避けようとすると、コミュニケーションに対して不安になり、加えて、引っ込み思案になってしまう**のだ。

口ベタを克服し、会話上手になりたければ、実践あるのみということだ。

練習する機会を作らずに、会話力をアップさせたいと望むのは、高望みもいいところ。テニスのコーチに向かって「辛い練習はしたくないんですけど、上達させてほしい」などと頼んだら、たぶん怒られるだろう。

まずは、人と話す機会を作ることだ。どん欲にそのチャンスを利用するからこそ、会話力は磨かれていく。相手がガソリンスタンドの店員であろうが、電車でたまたま隣り合わせた人であろうが、とにかく一言でも、二言でもいいから、会話をしてみよう。

筆者の場合には、喫煙スペースで会話の練習をしている。最近の東京では、喫煙するスペースが限定されてきて、喫煙者は決められた場所でしかタバコが吸えない。

そこで喫煙スペースに人がいたら、私はすぐにその人に話しかける。顔見知りでもなんでもないが、天気の話をしたり、愛煙家は肩身が狭いと嘆き合ったり、とにかく話をしてみる。そうしていると、知らない人に話しかけることが、しだいに苦痛でなくなってくるのだ。

相手と衝突することを恐れない

NG
衝突を避ける
お前の意見はどうなんだ
合わせるよ
いつまでも上達しない
OK
衝突を恐れない
みんなとは違う意見だけど
違うのか？
こういう考え方も
あると思うんだ
会話の経験が積める

議論が上手にできるようになりたければ、議論の経験を積むしかない

心理会話

58

自己紹介は長いほどいい

自分を売り込む絶好のチャンス

名刺を交換し合うとき、自分の名前を告げるだけで終わらせてしまうのは、とてももったいない話である。

なぜなら、せっかくの自分を売り込むチャンスをみすみす逃してしまうことになるからだ。

じつは、自己紹介は、長ければ長いほどいい。それだけあなた自身のことを相手に理解してもらうことができるからだ。仕事の話に入る前に、まずは自分が何者なのかを相手にわかってもらうことに全力を注ごう。

ローマ大学のアントニオ・ピエロ博士が「デビッド・ビアンカート」という架空の人物を紹介するときに、50字の短い紹介文と、A4サイズ1枚の長い紹介文の2種類を作って、それぞれを大学生に読ませて比較させた。

すると、長い紹介文を読ませた場合のほうが、彼に対する信頼感が高まることがわかった。

だったらこれからは、信頼感を損なう恐れがあるのだから、自己紹介を簡単にすませることは避けよう。反対に、**自分という人物像を相手の記憶に刻み込むような自己紹介を心がけてみよう**ではないか。

「×××社の田中です。よろしくお願いいたします」

などという挨拶は、絶対にNGだ。

「×××社のスッポンの異名を取る田中です。一番しつこいセールスをすることから〝スッポン田中〟って呼ばれています。私はそう呼ばれることを誇りに思っているんですよ、どうかご注意くださいませ」

仕事中毒の女性にはこんな自己紹介がおすすめだ。

「パブリシティチームの小川です。私は24時間営業ですので、いつでもご連絡ください。夜でも朝でも、〝小川の携帯は24時間いつでもつながる〟と思ってください。ただし、お仕事以外のお電話はお断りしています」

相手の記憶に残せたら、しめたものである。

自己紹介で相手の記憶にインプット

NG
自己アピールしない
よろしくお願いいたします
心理学者の内藤誼人です
編集者
著　者
OK
ふんだんな自己アピール
心理学者の内藤誼人です
釣りとガーデニングが趣味
大学の特任講師
英語論文を週に50本読んでます
年に20冊以上執筆
中学時代の偏差値は47
す、すごい～

相手のことが理解できると、それだけ信頼感もわく

心理会話

59 話したいことを我慢しない

我慢するとストレスになる

「喧嘩するほど仲がいい」とよくいわれる。これには反対意見も多々あるだろう。

「私たち夫婦はお互いを尊重しているので喧嘩はしません。それが夫婦円満の秘訣です」

あるいは、

「私と彼氏はちょっとしたことですぐに喧嘩になっていたので、ついに別れました。せいせいしています」

といったものだ。

だが、これだけは確かだ。**喧嘩を避けるために言いたいことを言わずに我慢してしまうことは、ストレス以外の何物でもない**、と。

米国クイーンズ大学のメリンダ・ハーパー博士は、221人の恋人のいる人たちを対象に、恋人との関係性を調べた。

その結果、言いたいことを我慢したり、相手の間違いを指摘せずに黙ってしまう人――こうした人を「セルフ・サイレンサー」と呼ぶ――ほど、抑うつ的で、コミュニケーションがヘタであった。

そのうえ、セルフ・サイレンサーのパートナーも、黙られることでイライラして、不満を感じていたのだ。

つまり、言いたいことを言わずに黙っていることで、お互いにマイナスな影響を与えていたということだ。

口喧嘩は、短期的には関係を揺さぶるが、長期的にみれば人間関係の円満さ、安定につながるという別の研究もある。

喧嘩は、人間関係をよくするために必要な条件では決してないし、喧嘩になることを避けようとする努力はむしろ望ましい。

しかし、喧嘩を避けるために言いたいことを我慢しても、人間関係は一向によくはならないのである。

言いたいことは言ったほうがいい

喧嘩ばかりの恋人たち

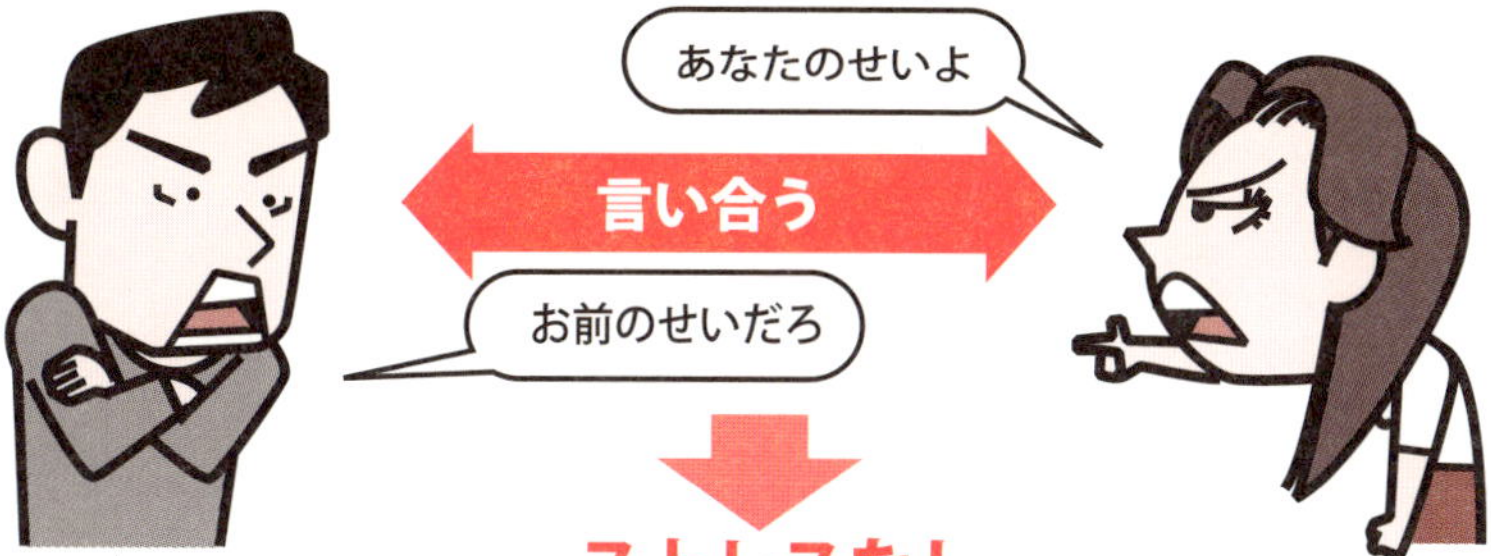
あなたのせいよ
言い合う
お前のせいだろ

ストレスなし

長期的には人間関係が強固なものに

喧嘩のない恋人たち

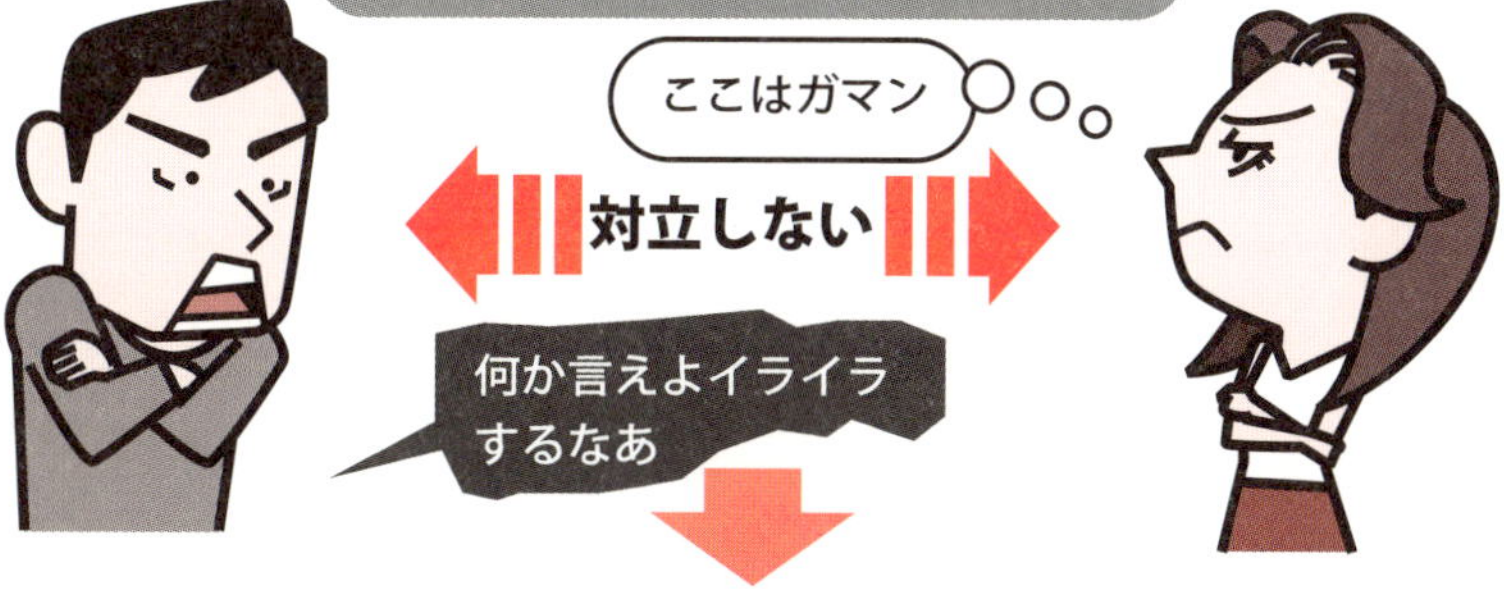
ここはガマン
対立しない
何か言えよイライラ
するなあ

ストレスだらけ

不安定な人間関係になりやすい

不満を口にせずに黙っているとストレスになる

心理会話

60

会話はすればするほど自信がつく

苦手意識の克服法

あるとき、アメリカのコロンビア大学から、「内藤先生、うちの日本校で心理学の講義をしてくれませんか？　3日間の短期セミナーです」と依頼を受けた。

日本校といえどもアイビーリーグの名門校コロンビア大学である。こんな名誉なことはないのでお引き受けしようとしたら「全部、英語でお願いします」と言われ、お断りしてしまった。

英語は得意だが、英語で講義などしたことがなく、不安を感じたからだ。しかし、ここで引き受けていれば、その経験によって不安が解消され、自信がついたはずだと、いまさらながら少し後悔している。

苦手なこと、自分に自信がないことは、それをあえて実行に移して克服するほかない。

トルコのアンカラにあるミドルイースト技術大学のキャノン・スーマー博士は、1428人のトルコ軍将校を調査した結果を報告している。

将校たちは、自分の感情を積極的に述べる人ほど自信が高く、精神的な健康度も高い（病気になりにくい）ことがわかったという。

つまり、「健全なる精神は健全なる身体に宿る」の反対で、「健全なる身体は健全なる精神に伴う」ことが証明されたのだ。

この因果関係を勘違いしないでいただきたい。**自信があるから○○ができる、のではなく、○○するから自信がもてる、のだ。**

経験のない人が不安を感じるのは当然だ。それを乗り越えるためには、実際にやってみなければならない。

会話も同じである。自信があるから会話ができるのではなく、会話をしていれば自信がつくのだ。

まずは一歩、前に進み出すことが大切だ。

苦手意識は行動によって克服する

本書の著者・内藤誼人の場合

依頼 心理学の講義を**英語で**お願いします

↓ 承諾する ／ ↓ 断る

やってみます
自信がないので

経験を積む ／ 不安

↓ 進歩あり ／ ↓ 進歩なし

ジョン・F・ケネディも「失敗する勇気のある人のみ、大成功を収めることができる」といっている

心理会話

61

チアリーダーを探せ

あなたの味方になってもらう

たとえば知り合いのいない合コンがあったとしたら、あなたはどんな人と話をしたいと思うだろう。あるいは、子どもの学校のPTAに初めて出席したとき、あなたは誰を探すだろうか。

きっと、心細いあなたを勇気づけてくれそうな人を探し求めるはずだ。そして、その人との会話をきっかけにして、より多くの人の輪の中に入っていくことだろう。

ビジネスの商談の場でもそうだ。「この人とはウマが合いそうもないな」とか、「どうも対抗的な態度で好かないなあ」という人物に説明していても、話がまとまる気配など感じないであろう。

しかし相手側の出席者に、あなたの話に熱心に耳を傾け、大きくうなずいている人がいたら、あなたはその人に向かって説明しはじめるはずだ。なぜなら、その人があなたの味方になってくれるかもしれないからだ。

アメリカのビジネス・コンサルタントであるM・ホリデイは、その著書『Secrets of Power Presentations』で、自分の味方になってくれそうな人のことを「チアリーダー」と呼んでおり、そういう人物を探して話しかけることをすすめている。

相手側に交渉者が複数いる場合には、なるべく「チアリーダー」を探して、その人をあなたの担当にしてしまおう。渋い顔をして腕を組んでいるような人と話すよりも、**あなたが話しやすいと思える人を相手に選んで話を進めたほうが、交渉しやすいに決まっている。**

チアリーダーは、あなたを応援してくれる人であり、そして、あなたの味方になってくれることもある。

あなたと目が合うとにこやかに微笑んでくれる人や、あなたが話をするたびに、うん、うん、と深くうなずく人がいたら、その人こそがチアリーダーだ！

あなたの味方になるチアリーダーを探す

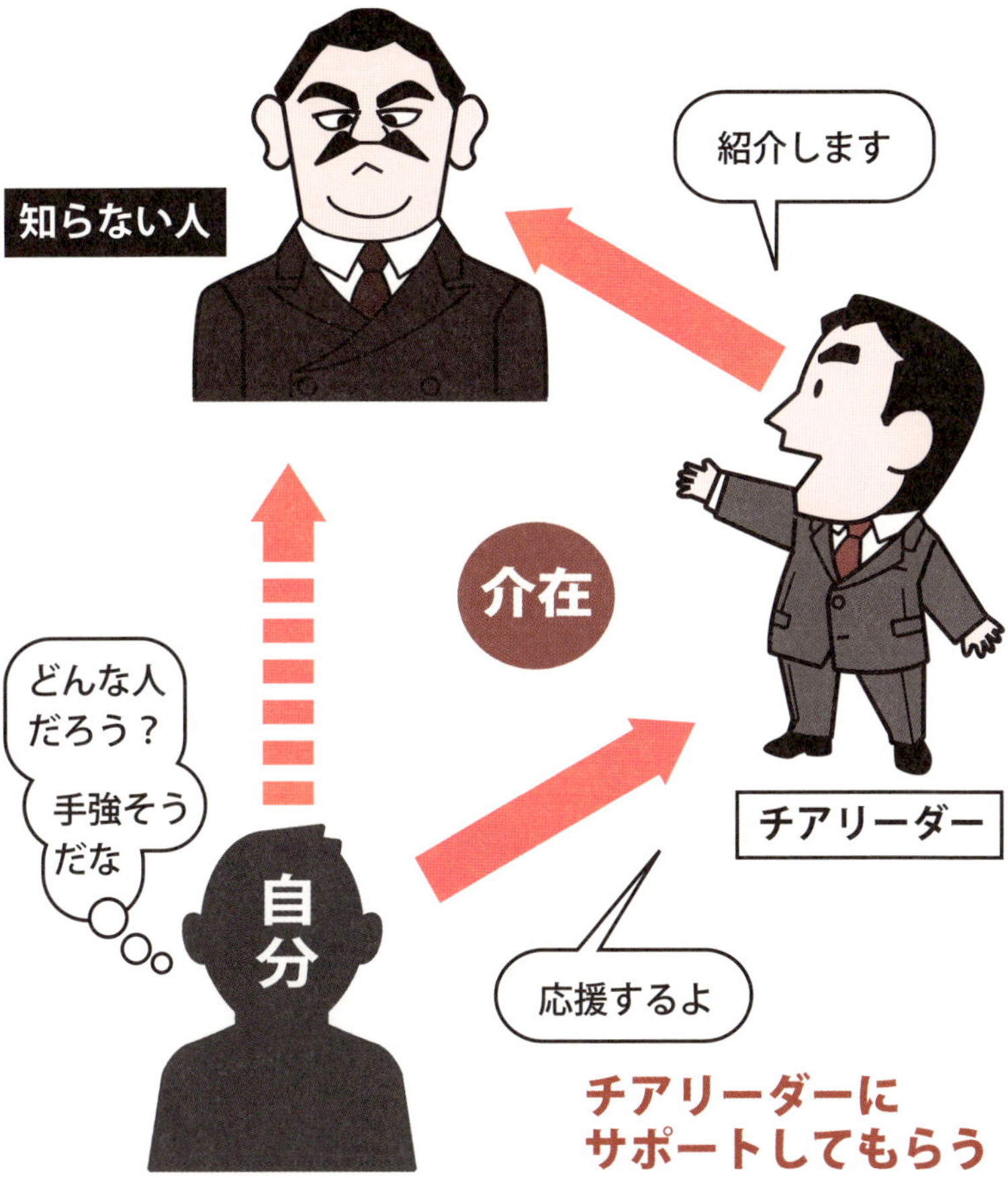
紹介します
知らない人
介在
どんな人
だろう？
手強そう
だな
自分
応援するよ
チアリーダー
チアリーダーに
サポートしてもらう

自分の力だけでは打開できないときも、チアリーダーがいれば道が開ける

心理会話

62 あけっぴろげな自分を見せろ

隠しごとはバレるもの

ここまで読んできて、それでもまだ自分の会話力に自信がもてない人がいたとしたら、このアドバイスを聞いてほしい。これは、心からそう思うからこそ、筆者から伝えたい最後の助言である。

どこまでも行き詰まって、何を話していいかわからず、にっちもさっちもいかなくなったら、思いっきり開き直って自分をさらけ出してしまうことだ。

何も隠すことはない。何も恥じることはない。躊躇《ちゅうちょ》はいらない。ただ、あるがままのあなたを、あけっぴろげに見せてしまえ！

あけっぴろげな人ほど好かれることを実験で証明した学者がいる。米国イリノイ州立大学の心理学者スーザン・スプレッチャーだ。

博士は男女のペアを83組作り、1時間デートしてもらった。そして、またデートしたいと思うか尋ねた。その結果、またデートしたい理由にあげられた最も多かった要素が、相手のオープンさであった。

この場合のオープンさとは、コミュニケーションがリラックスできるものであり、衝突がなく、会話がスムーズなことであった。つまり、自分自身を隠すことなく開示し、正直で率直な話し振りに好感がもたれたのだ。

筆者は、中学生のころ偏差値が47しかない劣等生だったが、それをあけっぴろげに話すと、ほとんどの人は警戒心を解いて筆者を身近に感じてくれる。

自分を隠しても、何か企んでいると見透かされてしまうし、悪知恵をはたらかそうとしても、すぐにバレるというもの。

だったら開き直って、自分を素直に見せればいい。少なくとも、あなたの**隠しごとをしないオープンな態度は、十分な魅力となって相手に伝わる**のだ。

開き直ることも効果的

NG
自分を飾ろうとする
何か魂胆がありそう
いいところを見せてやろう
チュ!
OK
ありのままの自分を開示する
正直な人だわ
自分は不器用な男ですから
寡黙

正直さは、それだけで相手に好感をもたれる基本的な資質だ

おわりに

ここまで、本書ではさまざまな心理会話を紹介してきた。そして、いかにして〝会話力〟を磨けばいいのか、その方法もアドバイスしてきた。

それでも、「心理会話なんて、自分にできるだろうか」とまだ不安に思っている人もいるだろう。

しかし、会話力を鍛えることは、あなたがこれまでの人生のなかで積んできた苦労や訓練に比べれば、たいしたことはないはずだ。

第一志望の学校に入学するために、どれだけの勉強をしてきたか。

料理の腕を上げるために、どれだけの授業料を払ったか。

ダイエットをするために、どれだけの我慢や忍耐をしてきたか。

気に入らない顔や性格を変えるためには、何をしたらいいのか。

それらに比べたら、会話力を磨くことなど、いともたやすいことなのだ。ただ、普段の生活のなかで会話を重ねる。それだけでいいのだから。

そのとき重要なのは、本書の冒頭でも述べたが、相手の立場に立って、相手の心を推《お》し量《はか》って、話すということである。

相手に対する思いやりをもって、相手との共感性を高める会話を心がけることだ。そうすれば相手から好かれ、その反映として、ますますあなたの会話力は向上するはずだ。

会話は積み重ねることでみるみる上達し、累積効果が得られる。ダイエットのようにリバウンドすることはなく、実践量に比して習熟していける。

本書の会話術はどれも今日からすぐ始められるものばかりだから、一つひとつチャレンジしてみてはどうだろう。

さて、ここまで読んでいただいた読者のみなさまに感謝したい。筆者が本書を上梓できるのも、読者のみなさまのおかげである。

最後に、ＰＨＰ研究所生活文化出版部の大谷泰志編集長に御礼を述べて、筆を置くとする。

内藤誼人

Shaffer, D. R., & Ogden, K. 1986 On sex differences in self-disclosure during the acquaintance process : The role of anticipated future interaction. *Journal of Personality and Social Psychology,* 51, 92-101.
Sheldon, K. M. 1999 Learning the lessons of tit-foe-tat : Even competitors can get the message. *Journal of Personality and Social Psychology,* 77 1245-1253.
Simmons, D., Lamude, K. G., & Scudder, J. 2003 Correlations among applicants' communication apprehension, argumentativeness, and verbal aggressiveness in selection interviews. *Psychological Reports,* 92, 804-808.
Solano, C. H., & Dunnam, M. 1985 Two's company : Self-disclosure and reciprocity in triads versus dyads. *Social Psychology Quarterly,* 48, 183-187.
Sprecher, S., & Duck, S. 1994 Sweet talk : The importance of perceived communication for romantic and friendship attraction experienced during a get-acquainted date. *Personality and Social Psychology Bulletin,* 20, 391-400.
Stark, M. 1996 *The power of negotiating.* Trimark Publishing
Stillman, T. F., Baumeister, R. F., Lambert, N. M., Crescioni, A. W., DeWall, C. N., & Fincham, F. D. 2009 Alone and without purpose : Life loses meaning following social exclusion. *Journal of Experimental Social Psychology,* 45, 686-694.
Sumer, H. C., Bilgic, R., Sumer, N., & Erol, T. 2005 Personality attributes as predictors of psychological well-being for NCOs. *Journal of Psychology,* 139, 529-544.
Tice, D. M. 1992 Self-concept change and self-presentations : The looking glass self is also a magnifying glass. *Journal of Personality and Social Psychology,* 63, 435-451.
Trinkaus, J. 1997 The demise of "Yes" : An informal look. *Perceptual and Motor Skills,* 84, 806.
Tykocinski, O. E., Pittman, T. S. 1998 The consequences of doing nothing : Inaction inertia as avoidance of anticipated counterfactual regret. *Journal of Personality and Social Psychology,* 75, 607-616.
Uhlemann, M. R., Lea, G. W., & Stone, G. L. 1976 Effect of instructions and modeling on trainees low in interpersonal communication skills. *Journal of Counseling Psychology,* 23, 509-513.
Vaidis, D. C., & Halimi-Falkowicz, S. G. 2008 Increasing compliance with a request : Two touches are more effective than one. *Psychological Reports,* 103, 88-92.
Van den Bos, K., Müller, P. A., & van Bussel, A. A. L. 2009 Helping to overcome intervention inertia in bystander's dilemmas : Behavioral disinhibition can improve the greater good. *Journal of Experimental Social Psychology,* 45, 873-878.
Van Leeuwen, M. L., Veling, H., van Baaren, R. B., & Dijksterhuis, A. 2009 The influence of facial attractiveness on imitation. *Journal of Experimental Social Psychology,* 45, 1295-1298.
Vikan, A., Dias, M., & Nordvik, H. 2009 Perceived efficiency and use of strategies for emotion regulation. *Psychological Reports,* 104, 455-467.
Voissem, N. H., & Sistrunk, F. 1971 Communication schedule and cooperative game behavior. *Journal of Personality and Social Psychology,* 19, 160-167.
Wichman, H. 1970 Effects of isolation and communication on cooperation in a two-person game. *Journal of Personality and Social Psychology,* 16, 114-120.
Worchel, S. 1974 The effect of three types of arbitrary thwarting on the instigation to aggression. *Journal of Personality,* 42, 300-318.
Wubben, M. J. J., Cremer, D. D., & van Dijk, E. 2009 How emotion communication guides reciprocity : Establishing cooperation through disappointment and anger. *Journal of Experimental Social Psychology,* 45, 987-990.

adolescent romantic couples. *Journal of Social Personal Relationships,* 24, 99-116.

Hilbig, B. E. 2009 Sad, thus true : Negativity bias in judgments of truth. *Journal of Experimental Social Psychology,* 45, 983-986.

Holliday, M. 1999 *Secrets of Power Presentations.* Career Press

Howard, D. J. & Gengler, C. 2001 Emotional contagion effects on product attitudes. *Journal of Consumer Research,* 28, 189-201.

Kleinke, C. L., & Tully, T. B. 1979 Influence of talking level on perceptions of counselors. *Journal of Counseling Psychology,* 26, 23-29.

Klemmer, E. T., & Snyder, F. W. II 1972 Measurement of time spent communicating. *Journal of Communication,* 22, 142-158.

Kruger, J., & Evans, M. 2009 The paradox of Alypius and the pursuit of unwanted information. *Journal of Experimental Social Psychology,* 45, 1173-1179.

LaCrosse, M. B. 1975 Nonverbal behavior and perceived counselor attractiveness and persuasiveness. *Journal of Counseling Psychology,* 22, 563-566.

Lichtenfeld, S., Maier, M. A., Elliot, A. J., & Pekrun, R. 2009 The semantic red effect : Processing the word red undermines intellectual performance. *Journal of Experimental Social Psychology,* 45, 1273-1276.

Loukopoulos, P., Eek, D., Garling, T., & Fujii, S. 2006 Palatable punishment in real-world social dilemmas? *Journal of Applied Social Psychology,* 26, 37-54.

MacEwen, K., & Barling, J. 1993 Type-A behavior and marital satisfaction : Differential effects of achievement striving and impatience/irritability. *Journal of Marriage and the Family,* 55, 1001-1010.

McQuarrie, E. F., & Phillips, B. J. 2005 Indirect persuasion in advertising. *Journal of Advertising,* 34 7-20.

Nelson, L. D., & Simmons, J. P. 2007 Moniker maladies : When names sabotage success. *Psychological Science,* 18, 1106-1112.

Petrocelli, J. V., & Crysel, L. C. 2009 Counterfactual thinking and confidence in blackjack : A test of the counterfactual inflation hypothesis. *Journal of Experimental Social Psychology,* 45, 1312-1315.

Petty, R. E., Cacioppo, J. T., & Heesacker, M. 1981 Effects of rhetorical questions on persuasion : A cognitive response analysis. *Journal of Personality and Social Psychology,* 40, 432-440.

Pierro, A., Mannetti, L., Erb, H. P., Spiegel, S. & Kruglanski, A. W. 2005 Informational length and order of presentation as determinants of persuasion. *Journal of Experimental Social Psychology,* 41, 458-469.

Proost, K., Schreurs, B., De Witte, K., & Derous, E. 2010 Ingratiation and self-promotion in the selection interview : The effects of using single tactics or a combination of tactics on interviewer judgments. *Journal of Applied Social Psychology,* 40, 2155-2169.

Rothman, A. J., & Salovey, P. 1997 Shaping perceptions to motivate healthy behavior : The role of message framing. *Psychological Bulletin,* 121, 3-19.

Russell, B., Perkins, J., & Grinnell, H. 2008 Interviewees' overuse of the word "like" and hesitations : Effects in simulated hiring decisions. *Psychological Reports,* 102, 111-118.

Ruva, C. L., & Bryant J. B. 2004 The Impact of Age, Speech Style, and Question Form on Perceptions of Witness Credibility and Trial Outcome. *Journal of Applied Social Psychology,* 34, 1919-1944.

Schulz-Hardt, S., Frey, D., Luthgens, C., & Moscovici, S. 2000 Biased information search in group decision making. *Journal of Personality and Social Psychology,* 78, 655-669.

Scudder, J. N., & Lamude, K. G. 2009 Applicants' preference for impression management tactic in employment interviews by transportation security administration. *Psychological Reports,* 104, 403-406.

Seiter, J. S., & Gass, R. H. 2005 The effect of patriotic messages on restaurant tipping. *Journal of Applied Social Psychology,* 35, 1197-1205.

Seiter, J. S., & Seiter, D. L. 2005 Consumer persuasion : The use of evidence when, negotiating the price of a new automobile. *Journal of Applied Social Psychology,* 34, 686-698.

■参考文献

Allison, M., & Brimacombe, C. A. E. 2010 Alibi believability : The effect of prior convictions and judicial instructions. *Journal of Applied Social Psychology,* 40, 1054-1084.

Apple, W., Streeter, L. A., & Krauss, R. M. 1979 Effects of pitch and speech rate on personal attributions. *Journal of Personality and Social Psychology,* 37, 715-727.

Archer, R. L., & Burleson, J. A. 1980 The effects of timing of self-disclosure on attraction and reciprocity. *Journal of Personality and Social Psychology,* 38, 120-130.

Babad, E. Y., Inbar, J., & Rosenthal, R. 1982 Pygmalion, Galatea, and the Golem : Investigations of biased and unbiased teachers. *Journal of Educational Psychology,* 74, 459-474.

Brasic, J. R. 1998 Pets and health. *Psychological Reports,* 83, 1011-1024.

Bull, P., & Mayer, K. 1993 How not to answer question in political interviews. *Political Psychology,* 14, 651-666.

Castelli, L., Pavan, G., Ferrari, E., & Kashima, Y. 2009 The stereotyper and the chameleon : The effects of stereotype use on perceivers' mimicry. *Journal of Experimental Social Psychology,* 45, 835-839.

Chiou, W, B., Chang, M. H., & Yang, C. C. 2009 Customers' expectations of complaint handling by airline service : Privilege status and reasonability of demands from a social learning perspective. *Psychological Reports,* 104, 468-472.

Egan, V., & McCorkindale, C. 2007 Narcissism, vanity, personality and mating effort. *Personality and Individual Differences,* 43, 2105-2115.

Erickson, B., Lind, E. A., Johnson, B. C., & O'Barr, W. M. 1978 Speech style and impression formation in a court setting : The effects of powerful and powerless speed. *Journal of Experimental Social Psychology,* 14, 266-279.

Feshbach, N. D. 1969 Student teacher preferences for elementary school pupils varying in personality characteristics. *Journal of Educational Psychology,* 60, 126-132.

Fodor, E. M., & Farrow, D. L. 1979 The power motive as an influence on use of power. *Journal of Personality and Social Psychology,* 37, 2091-2097.

Fointiat, V., Morisot, V., & Pakuszewski, M. 2008 Effects of past transgressions in an induced hypocrisy paradigm. *Psychological Reports,* 103, 625-633.

Friedman, H. S., Riggio, R. E., & Casella, D. F. 1988 Nonverbal skill, personal charisma and initial attraction. *Personality and Social Psychology Bulletin,* 14, 203-211.

Gawda, B. 2008 Love scripts of persons with antisocial personality. *Psychological Reports,* 103, 371-380.

Gerend, M. A., & Sias, T. 2009 Message framing and color priming : How subtle threat cues affect persuasion. *Journal of Experimental Social Psychology,* 45, 999-1002.

Giri, V. N. 2003 Associations of self-esteem with communication style. *Psychological Reports,* 92, 1089-1090.

Gollwitzer, M., & Denzler, M. 2009 What makes revenge sweet : Seeing the offender suffer or delivering a message? *Journal of Experimental Social Psychology,* 45, 840-844.

Gross, E. J. 1964 The effect of question sequence on measures of buying interest. *Journal of Advertising Research,* 4, 40-41.

Gruenfeld, D. H. & Wyer, R. S. Jr. 1992 Semantics and pragmatics of social influence : How affirmations and denials affect beliefs in referent propositions. *Journal of Personality and Social Psychology,* 62, 38-49.

Guéguen, N., Marchand, M., Pascual, A., & Lourel, M. 2008 Foot-in-the-door technique using a courtship request : A field experiment. *Psychological Reports,* 103, 529-534.

Gunia, B. C., Sivanathan, N., & Galinsky, A. D. 2009 Vicarious entrapment : Your sunk costs, my escalation of commitment. *Journal of Experimental Social Psychology,* 45, 1238-1244.

Harari, H., & Mcdavid, J. W. 1973 Name stereotypes and teachers' expectations. *Journal of Educational Psychology,* 65, 222-225.

Harper, M. S., & Welsh, D. P,. 2007 Keeping quiet : Self-silencing and its association with relational and individual functioning among

企画・制作／ラボレックス
カバーデザイン／斉藤よしのぶ
本文イラスト／ゆずりはさとし

〈著者略歴〉

内藤誼人（ないとう・よしひと）

心理学者。立正大学特任講師。有限会社アンギルド代表取締役。

社会心理学の知見をベースに、ビジネスを中心とした実践的分野への応用に力を注ぐ。その軽妙な心理分析には定評がある。

主な著書に『一瞬で人を操る心理法則』『武器になる会話術』（以上、PHP研究所）、『女の「終電なくなっちゃった」はウソである』（廣済堂出版）など多数。


【図解】

人をその気にさせる悪魔の心理会話

2011年10月4日　第1版第1刷発行

著　者　内　藤　誼　人
発行者　安　藤　　　卓
発行所　株式会社ＰＨＰ研究所

東京本部　〒102-8331 東京都千代田区一番町21
生活文化出版部　☎03-3239-6227（編集）
普及一部　☎03-3239-6233（販売）
京都本部　〒601-8411 京都市南区西九条北ノ内町11
PHP INTERFACE　http://www.php.co.jp/

印刷所　共同印刷株式会社
製本所　東京美術紙工協業組合

ISBN978-4-569-79952-0